CHUZHONGSHENG XUEXI DE
WULIJIAOZHENGFA

初中生学习的 "五力" 校正法

张开宏◎著

U0746759

安徽师范大学出版社

责任编辑:郭行洲

装帧设计:北京中尚图文化传播有限公司

图书在版编目(CIP)数据

初中生学习的"五力"校正法 / 张开宏著. —芜湖:安徽师范大学出版社,
2016.6

ISBN 978-7-5676-2491-7

Ⅰ.①初… Ⅱ.①张… Ⅲ.①初中生 – 学习方法 Ⅳ.①G632.46

中国版本图书馆CIP数据核字(2016)第116108号

初中生学习的"五力"校正法

张开宏　著

出版发行:安徽师范大学出版社

　　　　芜湖市九华南路189号安徽师范大学花津校区

　　　　邮政编码:241002

网　　址:http://www.ahnupress.com/

发 行 部:0553–3883578　5910327　5910310(传真)

　　　　E-mail:asdcbsfxb@126.com

印　　刷:安徽芜湖新华印务有限责任公司

版　　次:2016年6月第1版

印　　次:2016年6月第1次印刷

规　　格:880mm×1230mm　1/32

印　　张:7.5

字　　数:188千字

书　　号:ISBN 978-7-5676-2491-7

定　　价:28.80元

前 言

活到老,学到老,学习是人生成长和发展的必由之路。

人生离不开学习,学习离不开"五力","五力"齐备的人,一定能学得好,并能学有所成。然而,对于这一点,并不是每个人都能意识得到。

很多初中生被动学习,甚至是被迫学习,不少人是被学习推着走的,而不是积极主动地推着学习走,因而学得很辛苦,学得不快乐。

有些初中生的家长自己不学习,自己也不会学习,却谆谆教导家里的初中生好好学习,孩子只有敬畏而茫然地点头敷衍。

少数初中生的老师从一开始就没有科学地教会学生如何学习,而只是将知识活生生地"扔"给自己的学生。很多初中生学习成绩不好,不是因为他们不够聪明,甚至不是因为他们不够努力,而是因为不知道如何学习。

什么是学习?

为什么而学习?

怎样才能学得好?

这些问题,有些初中生读完三年初中都还不知道正确答案,甚至有的人一辈子都找不到以上问题的正确答案。

幸运的是,我找到了答案。

我历经千辛万苦,花了近半辈子的时间和精力,才找到了答案。学习的"五力"校正,正是答案的详解。

任何人,如果具备了学习的"五力",一定能学得好,一定能学有所成。

如果某位初中生学习成绩优异,那一定是他自觉或不自觉地具备了学习的"五力"。

如果某位初中生学习成绩糟糕,那一定是他学习的"五力"不全。如果他想改变现状,由差生变为好生,那只有对自己进行学习的"五力"校正。

学习的"五力"是:学习的内动力,学习的目标力,学习的技术力,学习的环境力,学习的行动力。

只有校正了学习的内动力,初中生才想学习;

只有校正了学习的目标力,初中生才明目标;

只有校正了学习的技术力,初中生才会学习;

只有校正了学习的环境力,初中生才能学习;

只有校正了学习的行动力,初中生才在学习。

任何人,只要经过了学习的"五力"校正,他将迎来学业上的强劲崛起。

一、我是一名饱尝"学渣"之痛的"老"学生,并一直在探索优学之道

1972年10月,本人出生于皖南贫困的农村家庭。小学一年级时,我语文数学经常十几二十分,是名副其实的"学渣"。小学我留级二年,初中留级一年,高中没能考入县城重点高中,勉强考入县城二中。当时县城二中每年高考仅几个人能考入大学(包括本科和专科),经常出现某个高三毕业班高考全军覆没的惨剧。我高中进校时学习成绩在班级排名靠后,感觉考进大学的希望渺茫,后来父母双双病倒(父亲肺结核,母亲在山上砍柴摔成骨折),于是,高一上学期期中考试前夕我辍学回家务农,半年后,父母身体好转,而我已深

刻体会到农民的艰辛,加上学校多次劝返,父亲看出我想上学,于是,为我办好了返校续读手续。就这样,在高一下学期即将结束之际,我重返县城二中,但因辍学大半年,数理化和英语课我一句也听不懂了,在随后的期末考试中,我的成绩全班倒数。虽然很受打击,但我知道,高考是改变我命运的唯一救命草,于是,我硬着头皮苦学。高三那年,我们班实现了县城二中高考历史的重大突破,全班共有5名同学考进大学(3人本科,2人大专),而我正是那位幸运的第五名。我终于甩掉了"泥腿子",一跃成为"城市人"。1992年9月,我走进淮南矿业学院,成为一名计算机专业的大专生,1994年毕业后,我分配到县委部门工作,干了十年打字员工作,2003年,我开始考研,连续报考了7年,直到2009年才考入安徽师范大学,2012年,我获取硕士学位、研究生学历。2013年11月,我通过了国家二级心理咨询师考试。现在,我正在为我的博士梦而努力学习。

我一直在学习,既尝过"学渣"之痛,也收获过学习所带来的快乐和成就感。我多年来的学习心得是:任何人,哪怕像我这样智商平平的人,只要校正了学习的"五力",也能实现大学梦、学历梦。

二、十多年业余家教生涯助我成为中小学生学习辅导的"全科王"

从2005年起,我开始利用业余时间辅导中小学生英语。此后,我花了近十年的时间,细细研究中小学各门学科的所有知识点,终于使自己成为一名全科型的业余家教辅导老师。于是,我有机会接触到各种类型的中小学生,以及他们身上存在的各种类型的学习不良问题。通过对他们各种学习不良问题进行梳理归纳,最后,我总结出学习的"五力"校正法。

三、国家二级心理咨询师的职业技能对我的帮助

十多年来,在从事业余家教的过程中,我遇到很多虽然聪明、但严重厌学的中小学生,有的学生甚至有明显的心理问题,如上网成瘾、自卑退缩、好斗凌弱等。面对这类孩子,我心急如焚,想改变他们,非常渴望能够帮助他们克服学习障碍、走上健康向上的成才之路。但经过一次次尝试后,我发觉常规的教育模式,无法从根本上改变这些孩子,他们总是漠然面对哭骂的家长和苦口婆心的老师,很难有改变。对此,我陷入巨大的痛苦之中。

心理咨询师是崇高而伟大的职业,它能使受伤的心灵得到温暖,使脆弱的精神变得强大,能为迷惘的人生指引正确的方向,最神奇的是,在助人自助和不懈追求真善美的道路上,心理咨询师本人也将收获幸福的人生。成为一名优秀的心理咨询师,是我多年的梦想。我一直对心理学、教育学有浓厚的兴趣,在多年自学积累的基础上,我于2013年11月,顺利通过国家二级心理咨询师职业资格考试和职业资格认定,成为一名国家二级心理咨询师。自此,有了心理学专业知识和心理咨询的专业技能,我成功地校正了多种类型的厌学学生,使他们由"五力"不全变为"五力"齐备,由厌学走上好学乐学之路。

四、本书是我多年来对中小学生进行学习校正的经验总结

自2013年以来,我探索出中小学生学习的"五力"校正法,即通过校正中小学生学习的内动力、目标力、技术力、环境力、行动力,使他们想学习、明目标、会学习、能学习、在学习,从而走上了高效的良性学习轨道,使很多中小学生由差生一跃成为品学兼优的好学生。在三年多的学习校正实践过程中,我不断完善自己的学习校正理

论,使学习的"五力"校正法走向成熟。这本书是我成功校正大量学习不良的初中生的经验之谈。

我不是教育专家,也没有深厚的学术背景,更不是文人墨客,所以,本书不是学术专著,更不是教育理论的突破,本书的内容全是常识,只不过纷扰而忙碌的社会生活,使很多人忽略了这些常识。

普遍适用是本书的重要原则。

如果您是一名初中生,那本书正是为你而写的。本书的目的是使你告别学习痛苦,开启快乐学习、全面发展的全新学习模式,并为你今后的终身学习和毕生发展奠定基础。

如果您是一位初中生的家长,那我不胜荣幸和感激。因为,同为家长,我们有着太多的共同语言。作为父母,我们都希望孩子能够顺利考入理想的高中和大学,并期待他们未来的人生成功而幸福。在对初中生学习的"五力"校正过程中,离不开家长的陪伴、协助和鼓励。

本书对小学生、高中生、大学生也会有所裨益。

即使您是一位成年人或退休老人,只要你想走上终身学习、毕生发展的道路,那么本书一样能够为您提供理论和实践上的借鉴作用。

目 录

第一章 初中生学习校正的内涵

一、"小马喝水"的启示

一匹小马在非洲大草原上刚刚出生,如果不喝水,它将很快死亡。

草原上只有三条小河。

第一条小河的水有毒,若喝这条河的水,小马将中毒而亡。

第二条小河的水没营养,若总喝这条河的水,小马会营养不良,长大后将沦为庸马。

第三条小河的水营养丰富,若喝这条小河的水,小马将茁壮成长为骏马。

但是,在第三条小河里,鳄鱼成群,且狮子、老虎也时常光顾。

老马如何引导小马喝水呢?

1.第一步,引导小马"想喝水"

如果小马不想喝水,即使把它强拉到水边,甚至把它的嘴按在水里,也无济于事。老马需要引导小马认识到喝水的重要性,引导小马自身想喝水,让它具备喝水的内动力。

2.第二步,引导小马"明目标"

如果小马见到水就乱喝,没有明确的目标,将非常危险。老马得告诫小马只能喝第三条小河的水,让小马具备喝水的目标力。

3.第三步,引导小马"会喝水"

喝水是有技巧的,如果不会喝水,小马要么会掉到小河里被淹到,要么喝急了被水呛到,要么会喝太多的水而胀坏肚子。老马需要指导小马喝水的方法与技巧,让小马具备喝水的技术力。

4.第四步,引导小马"能喝水"

如果缺乏安全的喝水环境,小马是不能喝水的。只有保护好自己,使自己既健康又擅长奔跑,能够体力充沛地跑到第三条小河边喝水,能够随时逃脱危险动物的攻击,且要到没有鳄鱼的安全河段去喝水。因此,老马需要引导小马能喝水,让小马具备喝水的环境力。

5.第五步,引导小马"在喝水"

只有将水真的喝到嘴里,喝进肚子里,小马才算真正喝到了水。所以,仅仅具备了想喝水、明目标、会喝水、能喝水这四个条件,还是不够的。如果小马没有喝水的行动,如果小马不在喝水,如果小马不能每天持续在喝水,小马也是不能健康成长为骏马的。因此,老马得引导小马"在喝水",让小马具备喝水的行动力。

初中生学习如同小马喝水,只有当初中生想学习、明目标、会学习、能学习、在学习的时候,初中生才能把学习搞好。

二、初中生学习的重要性

初中阶段是国家九年义务教育的最后三年,是小学学习的延续,是中学学习的初级阶段,是高中阶段的奠基石。当一名小学生读完六年级,升入初一而成为初中生后,他的人生从此直接面对选拔性应试教育的挑战,考试成绩将成为他学业道路的通行证。学业成绩好的初中生,将顺利进入好的高中学习。学习成绩不好的初中生,只能进入师资相对较弱一些的高中学习,或者直接转入职业教育,日后考进好的大学继续深造的难度将会大得多。同时,初中生正值青春期,是生理、心理发展的关键时期。因此,家长、学校、社会,特别是初中生本人,要高度重视初中阶段的学习与成长。

三、初中生学习校正的内涵

由相对轻松的小学升入初中,突然迎来七八个学科的同时开设,课程数量变多,知识点激增,难度明显加深,一些初中生难免会有些不适应。若能及时调整状态,更新学习方法,很多人都能顺利适应初中阶段的学习。但是,也有不少同学不能及时调整状态,一直陷入被动应付之中,最后甚至产生了畏难和厌学情绪,以至于成绩平平备受打击。

学习本身是一门学问。虽然"条条大路通罗马",但必有某些学习思路、学习方法、学习技巧是普遍适用的,是取得优异成绩的必备要素和标准模式。缺乏必备要素,偏离标准模式,初中生学习将非常吃力,学习成绩平平,学习兴趣渐失,自信心大受打击,并对日后的高中学习极为不利。若想扭转学习困境,提高学习成绩,必须具备学习的必备要素,构建学习的标准模式,对自己的学习进行全面校正。

那么,学习的必备要素有哪些?什么是学习的标准模式呢? 我们从"小马喝水"的启示可知,搞好学习的必备要素是"五力",即学习的内动力、目标力、技术力、环境力、行动力。而完美的学习模式是"五力"联动模式,即学习的内动力、目标力、技术力、环境力、行动力相互配合,彼此促动,才能产生巨大的学习效能,才能搞好学习。

第二章 初中生学习的内动力校正

学习的内动力,是指源于对知识的需求,激发、维持自己的行为指向学习的精神力量。学习内动力是推动人们进行学习活动的内在原因,是学习过程的关键因素。

一、初中生学习内动力不足的根源

热爱知识、对未知世界充满好奇是人类的天性与优势,具有学习的内动力是人类的天生秉赋。这一点,当儿童们常常以十万个为什么逼疯他们年轻的父母时,我们都能心领神会。任何人,只要他智商正常,在他的内心,永远都充满了学习的内动力,永远都会对知识充满好奇和探求之心。

但是,人类是地球上最现实、最功利、最具惰性的动物之一。人类只学习和探索他们眼前最迫切需要、利益最大化的知识。这一点,从人类文明史中可略见一斑。火的利用,农具的发明,武器的更新换代,这些都是人类实用主义的历史明证。

浩瀚的宇宙,有太多的未解之谜,等待着人类去探究。面对知识庞杂纷呈的世界,人们只会对他们最需要、利益最大化的知识萌生学习的内动力,那些他们自认为不重要甚至会给自己带来不利和痛苦的知识,他们是万万不愿触碰的。

趋利避害是人的本能。

当课本知识使初中生感到痛苦,或者初中生在课本以外找到更感兴趣的知识,初中生便失去了对课本知识学习的内动力,而将学习的内动力转投到他更需要、利益最大化的其他知识和活动上。

比如,当初中生开始厌学、沉湎于网络游戏时,并不是他没有了学习内动力,相反,他此时的学习内动力空前的大,只是很遗憾,他的学习内动力偏离了课本,转投到网游上了。

再比如,当初中生陷入早恋而无心上学时,他的学习内动力转投到"如何获取对方欢心、如何让自己引人注目、如何使自己招人喜欢"等知识上。

常常有厌学的初中生这样说:"课本知识以后根本用不到,我觉得呆在学校就是浪费时光,还不如现在去学一门实用技术,比如电脑技术。"

可见,所谓初中生学习内动力不足,其实只是假象。实质是:他只是对课本知识的学习内动力不足,而将学习的内动力转投到其他领域。

因此,学习内动力校正的正确思路是:将初中生的学习内动力拉回到课本知识上。

二、生命概率论

世界上没有两片完全相同的树叶。芸芸众生之中,你是独一无二的。在你出生之前,或当你老去之后,这个世界上,再也不会出现第二个你。

如此独一无二、稀罕珍贵的你,出生的概率有多大呢?

如果按正常男子一生中约产生一万多亿个精细胞、正常女子一生中约产生400多个卵细胞来计算。在你父亲一万多亿个精细胞中,只有唯一的那个精细胞里含有你生命的一半基因;在你母亲400多个卵细胞中,只有唯一的那个卵细胞里含有你生命的另一半基因。在父母众多的精卵细胞中,每个精卵细胞结合的机会均等。只有当分别含有你一半生命基因的精卵细胞幸运结合后,你的生命才会诞生。因此,父母精卵细胞结合生下你的概率约为400万亿分之一。

另外,假如你的父母没有结婚,或者他们分别与地球上另外一个人结了婚,你便没有机会出生到这个世界上。若以全球50亿人口来计算,你父母相遇并结婚的概率约为50亿分之一。

精卵细胞结合的概率乘以父母能相遇结婚的概率等于你生命概率:2亿亿分之一($2×10^{-16}$或兆分之一)。

体育彩票七星彩特等奖的中奖概率是1千万分之一[①]。但是,你的生命概率远低于彩票中头奖的概率。事实上,你能来到这个世界上,要比买彩票中头等大奖难上一万多倍。

而且,2亿亿分之一只是你的生命概率。你的父亲、母亲、爷爷、奶奶、外公、外婆,以及由此追溯到你所有的先祖,他们每一个人的生命概率都是如此之小。只要他们中的任何一位没有出生到这个世界上,就不会有你来到这个世界上的机会。这样算来,你觉得你自己还有可能来到这个世界上吗?

但是你还是坚强而骄傲地来到了这个世界!

你的生命该是何等伟大的神奇啊!

在这个世界上,每个人能出生的概率微乎其微,每个人的生命都是伟大的奇迹,值得我们赞叹、尊重和敬畏。我们应珍视自己的生命,要用奋斗的汗水灌溉我们的生命,要用华美的乐章谱写我们的生命之歌,要让我们的一生意义非凡。只有这样,才能对得起我们如此罕见的生命概率,我们才能不枉此生。

---

① 参见李海玉:《体育彩票的概率分析》,《清远职业技术学院学报》2010年第6期。

三、人生的坐标

（一）人的物质形态坐标

人的生命，是目前所知宇宙中最高级的物质形态，是自然界物质形态的最高坐标。

宇宙万物，形态纷呈，有亚原子、原子、分子，有固体、液体、气体，有非生物、生物，有植物、动物、微生物，等等。但无论形态多么复杂，宇宙万物都是由为数不多的化学元素所构成。周期表中有100多种元素[1]，地球上的一切物质，包括人类在内，都是由这100多种元素构成。下表是一个体重70kg的典型人体中元素组成的近似值[2]。

表2-1　一个体重70kg的典型人体中元素组成的近似值表[3]

宏量元素	宏量元素	微量及痕量元素		微量及痕量元素	
O 44kg C 12.6kg H 6.6kg N 1.8kg Ca 1.7kg P 680g	K 250g Cl 115g S 100g Na 70g Mg 42g	Fe 5000-6000mg Si 3000mg Zn 1750mg Cu 280mg Sr 280mg Br 140mg	Sn 140mg Mn 70mg I 70mg Al 35mg Pb 35mg	Ba 21mg Mo 14mg B 14mg As ~3mg Co ~3mg Cr ~3mg	Ni ~3mg Se ~2mg V ~2mg

可见，人的生命构成物质并不比任何其他物质形态高级。人的可贵之处，在于人是宇宙间最高级的智能生命体，是自然界物质形态的最高坐标，是因为这种物质形态能思维、爱学习、会创造。

[1] 杨频、高飞：《生物无机化学原理》，科学出版社2002年版，第4页。
[2] 杨频、高飞：《生物无机化学原理》，科学出版社2002年版，第5页。
[3] 杨频、高飞：《生物无机化学原理》，科学出版社2002年版，第5页。

　　强调人是自然界最高级的物质形态的意义在于：我们每个人的生命，是来自于自然界物质循环运动的神奇组合。组成我们身体的物质，永远属于自然界。我们的生命会消亡，但构成我们身体的所有物质，将永存于世。在有生之年，我们的身体时刻与自然界进行着物质交换。在我们生前或死后，那些曾经构成过我们身体的物质，始终生生不息地在大自然的各种形态的物质间循环流动。人应珍惜自己生命中的每一天，不要浪费了大自然这次精彩绝伦的物质形态创造，不可枉费大自然对我们生命际遇的垂青。人只有一次生命的机会，自然界的物质无法循环流动出两次相同的你。

（二）人类的生物进化坐标

　　浩瀚的宇宙中，地球是目前所知的唯一有生物存在的天体，人类是地球之王，是地球上生物进化的最高坐标。

　　基因科学揭开了生命之谜。人们已经相信，即使是尘埃，只要经过特别精致的编排，也能缔造出生命，并且，只要给它足够的时间和空间，它就能演化出智能生命。

　　最初的生命由非生命物质经过化学进化的过程逐步演变而来[1]。生命的化学进化过程分为四个阶段：一是无机小分子生成有机小分子，二是有机小分子形成有机高分子，三是有机高分子组成多分子体系，四是多分子体系演变成原始生命。随后，生命由单细胞生物进化为多细胞生物，水生生物进化为陆地生物，低等动物逐步进化成高等动物，最后进化为高智能的人类。人类处于生物进化链条的最高端，是唯一的高智能生命体。生物界经过几十亿年的艰难进化，最终将智能交给人类。作为人类的一员，我们有幸成为地球上最高智能的生物，我们应该感激大自然的恩惠，并且，我们应当珍惜这种绝无仅有的机缘，为人类造福，为生物界造福，为大自

[1] 王将克：《关于生命起源研究的问题及其主攻方向的探讨》，《地球科学进展》1995年第4期。

然造福。

（三）人的家谱坐标

每个人由其父母所生，父母又由父母的父母所生，由此一直追溯到我们的祖先，实质是探寻我们的家谱坐标。

阅读家谱，实质是找寻你的根。在家谱里，你可以清晰地看到，自己是如何由祖辈们一代一代地延续而来。在家谱中，往往单独列有"家族名人榜"，那些曾拥有杰出成就的家族名人，在"家族名人榜"中永垂不朽。家族名人是勉励后辈的标杆，更是所有族人的骄傲。

若追溯到最早的家谱，我们便会自然而然地发现，中华儿女都是炎黄子孙，同属中华民族。令中国人无比骄傲的是，我们的华夏文明是人类历史上唯一没有中断的文明。若按每20年一代人计算，根据中华民族5000年文明史推算，今天的我们，至少经过了250代的祖辈先人们薪火相传延续而来，我们是250代祖辈先人们生命的延续，我们都肩负着延续中华民族、传承华夏文明的神圣使命。

你的家谱坐标，就是你的姓名记录在家族图谱中的那个小小位置。你不是一个人在战斗，你是族人中的一员，你由先辈们延续而来，并将继续延续你的家族。只要努力奋斗，总有一天，你的家谱坐标因你一生的伟大成就而璀璨夺目，你也能成为家族后辈们的灯塔和标杆。

（四）人生的人类史坐标

在漫长的人类发展史上，每个人生命的起止年代记录，便是他的人类史坐标。

例如：伽利略的人类史坐标为[1564—1642]，牛顿的人类史坐标为[1643—1727]。

人类诞生至今约200万年,人类文明史约6000年①。

200万年前至公元前1万年,人类经历了漫长的旧石器时代,学会了使用火。

公元前1万年至公元前2000年左右②,人类经历了新石器时代,狩猎业、原始农业和畜牧业开始发展。

随后,人类进入铜石并用时代和铁器时代,并出现三次社会大分工:畜牧业和农业分离、手工业和农业的分离、商人阶级出现。经过了2000多年的手工生产时代之后,人类进行了三次科技革命③:以蒸汽机为标志,自18世纪60年代开始的第一次科技革命;以电力的广泛运用为标志,自19世纪70年代开始的第二次科技革命;以电子计算机、原子能和空间技术的发展和利用为标志,自20世纪四五十年代开始的第三次科技革命。今天,人类迎来了高度发达文明的伟大时代。

我们是人类史上活着的成员,死去的人类同伴们,为我们创造了今天伟大的时代。每个人都应当怀有历史感,应当意识到:我们不是从天而降,我们是由一代又一代的人类历尽千辛万苦发展而来。每个人应当珍惜今天的幸福时代,因为它来源于历代人类的艰难探索、勤劳积累与勇敢创造。当我们坐享今天的幸福与文明之时,绝对没有理由让自己成为寄生虫、啃老族、混世虫,我们应当学习先人,继续探索,继续积累,继续创造,为人类的后人留下更加健康、富足、文明、幸福的生存空间。

人类是感恩的动物,人类永远铭记那些为人类进步做出过杰出贡献的人,孔子、柏拉图、蔡伦、哥白尼、爱因斯坦等诸多贡献者的姓名、成就和人类史坐标,都永载史册。今天的人类,有太多亟待解决的难题,如果你从现在起,瞄准某个难题而不懈探究,树立为人类幸福而学习和奋斗的伟大理想,总有一天,你人生的人类史坐标,也会

① 赵峥:《探求宇宙的秘密》,北京师范大学出版社2010年版,第201页。

② 蓝琪:《论中亚原始文化与原始居民》,《西域研究》2007年第3期。

③ 张锡嘏:《国际分工与国际贸易》,《国际贸易问题》1985年第6期。

熠熠生辉,永垂不朽。

(五)人生的宇宙坐标

假设我被一位外星人拜访,我只能这样做自我介绍:我是来自宇宙的总星系的超星系团的星系团的星系群的银河系的太阳系的地月系[①]的地球上的公元2015年的中国安徽省芜湖市繁昌县的人类。这听起来虽有点滑稽,但实际是描述了我的宇宙坐标。

宇:指上下四方,所有的空间。

宙:指古往今来的时间。

宇宙:指包括地球及其他天体在内的一切物质及其存在形式的总体。

现有的仪器已经能够观察到远离地球130亿光年的空间。在可以观察到的这部分宇宙中,约有 $1.0×10^{22}$ 个恒星[②]。浩瀚而神秘的宇宙蕴藏着物质运动的伟大力量和无数未解之谜。人类是宇宙的宠儿,到目前为止,人类是宇宙中唯一所知的智能生命。

大爆炸宇宙学认为,在宇宙的最早期,今天所观测到的全部物质世界统统都集中在一个体积极小、密度极大、温度极高的奇点内[③]。140亿年前,奇点爆炸,宇宙诞生。在创始初期,宇宙半径很小,物质密度和温度很高,以后随着宇宙的膨胀,温度下降,逐渐形成多层次的物质结构,直到恒星、星系和星系团。50亿年前,太阳系诞生[④]。38亿年前,生命诞生[⑤]。200万年前,人类诞生。400年前,人类发现日心说,公元2000年,人类已进入高度发达的文明阶段。

但今天的地球,已被人类糟蹋得百孔千疮,人类深陷生态危机、

---

① 刘南威:《自然地理学》,科学出版社2007年版,第15页。

② 伍光和、王乃昂等:《自然地理学》,高等教育出版社2008年版,第9页。

③ 黄有光:《宇宙是怎样来的》,复旦大学出版社2012年版,第1页。

④ 任志远:《太阳温度与能源的测算和寿命分析》,《陕西师大学报》1995年第S1期。

⑤ 范振刚:《生命诞生早期的物理与化学过程》,《科学》2013年第5期。

环境危机和资源危机。人类必须在地球死亡或太阳熄灭前,撤离地球,移民到宇宙中另一个适宜人类栖息的星球上。所幸的是,太阳正值壮年,仍能燃烧发光45亿年①,人类仍拥有充裕的时间,去完成这一使命。身为初中生的你,只要努力学习,立志为人类幸福而奋斗,说不定有一天,你正是改变人类宇宙坐标的功臣。

与浩瀚恒久的宇宙相比,每个人的生命犹如电光火石般在宇宙中闪过。珍惜每一天,努力学习,积极进取,去探索更多的宇宙奥秘,为造福人类而努力学习和奋斗!

四、初中生所处的人生发展阶段

人的一生可分为不同的发展阶段,每个阶段有其相应的发展主题,面临不同的发展任务。透视人生发展的各个阶段,有利于初中生对自己一生发展的宏观把握,珍惜初中三年宝贵的学习时光,健康快乐有为地度过青春期,为一生的幸福和成功奠基。

(一)孔子的人生发展七阶段理论

孔子提出:"吾十有五而志于学,三十而立,四十而不惑,五十知天命,六十而耳顺,七十随心所欲,不逾矩。"(《论语·为政》),即孔子的人生发展七阶段理论。

第一阶段:从学前期,即从出生到15岁。这段时期,人的心智初成,已开始学习人生中的基本知识。这一时期的学习主要靠家长的安排或受外界环境的影响,通常并非主动学习。

第二阶段:立志学习时期,并开始步入社会,即15—30岁。与从学前期相比,这一阶段的学习更为主动、积极,并且与个人志向相结合,是有目的的学习和实践阶段。

第三阶段:自立时期,即30—40岁。这一时期,人的心智已完全

---

① 金涌:《构建新一代社会生态》,《市场观察》,2013年第8期。

成熟,经济、人格已独立。

第四阶段:不惑时期,即40—50岁。经过多年的学习和实践,已形成完整的个人见解,不被外界事物所迷惑,处事果断。

第五阶段:知天命时期,即50—60岁。已认识自然规律,懂得人生使命。

第六阶段:耳顺时期,即60—70岁。能接受现实,能分辨是非真伪,能冷静倾听别人意见。

第七阶段:随心所欲、不逾矩时期,即70岁以上。能言行自由,且不违背客观规律和道德规范。

(二)埃里克森的人生发展八阶段理论

美国心理学家埃里克森(1902—1994)根据各阶段心理社会危机的不同,将人生发展分成八个阶段。

第一阶段:婴儿前期(0—2岁)。主要发展任务是获得信任感,克服怀疑感,良好的人格特征是希望的品质。

第二阶段:婴儿后期(2—4岁)。主要发展任务是获得自主感,克服羞耻感,良好的人格特征是意志品质。

第三阶段:幼儿期(4—7岁)。主要发展任务是获得主动感,克服内疚感,良好的人格特征是目标品质。

第四阶段:童年期(7—12岁)。主要发展任务是获得勤奋感,克服自卑感,良好的人格特征是能力品质。

第五阶段:青少年期(12—18岁)。主要发展任务是形成角色同一性,防止角色混乱,良好的人格特征是诚实品质。

第六阶段:成年早期(18—25岁)。主要发展任务是获得亲密感,避免孤独感,良好的人格特征是爱的品质。

第七阶段:成年中期(25—50岁)。主要发展任务是获得繁衍感,避免停滞感,良好的人格特征是关心品质。

第八阶段:成年后期(50岁以后)。主要发展任务是获得完善感,避免失望或厌恶感,良好人格特征是智慧贤明品质。

埃里克森认为,在人生每个发展阶段,个体都面临特殊的发展任务,都要经历一次心理社会"危机"或矛盾冲突。这些冲突包含着对立的两极。个体只有解决这一冲突之后,才能顺利进入下一发展阶段,同时,发展出某种特定的品质、美德。如果冲突无法圆满解决,个体自我的发展就会出现困扰乃至停滞。

(三)人生终身学习发展的七阶段理论

活到老,学到老。这句俗话体现了终身学习的重要性。人生成功与否以及成就大小,取决于人一生中学习的深度、广度,对知识的运用度,以及对知识的创新程度。根据人终身学习的学习形式、学习内容、人生发展主题的不同,可将人的一生分为学前期、小学期、中学期、大学期、青年成家立业期、中年成熟创造期、老年退休发展期七个阶段。

1.学前期(0—6岁)

学前期的学习形式主要是模仿学习与游戏学习,学习重点是语言能力的发展,以及舞蹈、音乐、美术、书法、体育、棋类等文体娱乐的基础知识了解和兴趣的培养。通过全方位的培养与学习,极大地开发了孩子的潜能,有利于发现孩子的特长与兴趣倾向。

2.小学期(7—12岁)

小学期的学习重点是情商培养、人格塑造和好的行为习惯的养成。同时,对孩子感兴趣的舞蹈、音乐、美术、书法、体育、棋类等文体知识,进行精细化培养和训练,特别注重发现、培养与发展小学生的足球、篮球、乒乓球、跑步等优势体育爱好。

3.中学期(13—18岁)

中学期的学习重点是课本知识,争取以自己最好的学业成绩完成初中与高中学习,以考入自己心仪的大学和录取到满意的专业为学习目标。同时,加强体育锻炼,继续发展自己的文体特长。

4.大学期(19—25岁)

大学期的学习重点是课本知识,同时,加强社会能力的培养。特别是学好专业知识,攻读学士、硕士学位,考取职业资格。

5.青年成家立业期(26—35岁)

青年成家立业期的学习重点是社会知识的学习与实践,特别要钻研工作业务知识,也可以选择攻读博士学位。但本阶段的人生发展重点是:在工作上能够立足站稳,在事业能够稳步发展,同时,尽情追求与享受属于自己的美好爱情,并建立自己的小家庭,

6.中年成熟创造期(35—60岁)

中年成熟创造期的学习重点是培育子女、事业拓展、创造力的展示等方面的知识,要营造和谐美满的家庭氛围,要照顾好长辈,特别要创造社会价值,实现个人价值。同时,加强体育锻炼,继续发展个人特长爱好,享受中年成熟感、成就感与稳定感。

7.老年退休发展期(60岁以上)

老年退休发展期的学习重点是健康长寿知识及自己所热爱的其他知识,要将自己的事业与人生的经验系统化、理论化、成果化,继续享受与发展个人特长爱好,如书法、音乐、美术等,特别要注重享受天伦之乐,享受轻松、幸福的退休生活。要注重发挥个人的余热和创造个人更多的社会价值。

(四)初中生的青春期发展策略

初中生正值青春期。

青春期是人的第二发展加速期,青春期年龄大约在十一二至十五六岁,也称少年期或青少年期,又称为困难期、危险期。其主要特点:身心发展不平衡,会产生成人感和半成熟现状之间的矛盾,以及这些矛盾所带来的心理和行为的特殊变化。

1.了解青春期心理发展的特征

青春期心理发展具有矛盾性特点:①心理上的成人感与半成熟

现状之间的矛盾;②心理断乳与精神依赖之间的矛盾;③心理闭锁与开放性之间的矛盾;④成就感与挫折感的交替。

青春期是自我意识的第二次飞跃期(婴儿期是第一次飞跃期),具体表现有:①强烈关注自己的外貌和特征;②重视自己的学习能力和学业成绩;③十分关心自己的人格特征和情绪特征。

青春期自我中心的特点:①独特自我;②假想观众。

2.认识人生第二反抗期(逆反期)

青春期是人生第二反抗期,也称为第二逆反期。

逆反期是心理发展的正常现象,是发展性现象。

第二反抗期的矛盾焦点在于:成长者对自己发展的认识超前,父母对他们发展的认识滞后。

人生两个逆反期的相同点在于:①都聚焦于独立自主意识的增强;②都出现成长和发展的超前意识。

人生两个逆反期的不同点在于:第一反抗期大约在幼儿三四岁时出现。第一逆反期要求按自我的意志行事,其重点要求是动作自主和行事自由。第二逆反期是要求人格独立,要求社会地位平等,要求精神和行为自主。

父母帮助孩子度过逆反期的策略:①要理解和认识逆反期对心理发展的意义;②父母要正确面对逆反期;③父母要理解少年期多重矛盾的焦点所在;④父母必须正视青少年独立自主的要求。

青春期容易出现的身心危机有:①心理生物性紊乱;②容易出现心理和行为偏差。青春期常见的心理问题有早恋、网络成瘾等。

3.避免青春期早恋

(1)青春期早恋的原因。

①青少年自身心理特点。青少年有了独立意识,但又有较强的依赖性;有时出现莫名的忧郁、烦恼、空虚,又不愿和家长、老师诉说;有时会出现逆反心理;喜欢交朋友,对异性感到好奇,渴望得到异性的欣赏,心理不成熟,自制能力差。

②社会的影响。现代社会给青少年带来越来越多的诱惑；相对枯燥的学校生活，丰富多彩的社会生活，对涉世未深的孩子而言，犯错误的几率越来越高；黄色网站，不健康的书籍、电影、电视，充斥街头大尺度的广告等，无时无刻不在腐蚀孩子们的心灵。

③来自学校的因素。学习压力大，课堂教学的无趣，对同学或伙伴的坏榜样的模仿等。

④来自家庭的因素。父母感情不和，经常吵架；父母对孩子过度溺爱或过度严厉；家庭成员间交流少，彼此疏于爱的表达。

(2)青春期早恋的特点。

初中生谈恋爱主要有两个特点：情感的不稳定性和结局的不确定性。由于青少年还处于未成年阶段，还不成熟，他们对爱情的理解还比较肤浅、幼稚，并且不具备承担相应责任和义务的能力。往往一时头脑发热、一时冲动，不考虑后果，只注重眼前"幸福和甜蜜"。早恋往往难以持久，没有结果，且早恋的危害巨大。

(3)初中生早恋的危害。

①初中生心理不成熟，无法应付早恋带来的情绪困扰，不论青少年真的有特定的恋爱对象，还是自我陶醉地迷恋偶像明星，都有可能因为不懂得处理这段感情而导致日后出现忧郁症及酗酒等影响身心健康的疾病。

②早恋时遇到感情转移、争吵、分手等波折时，易于产生偏激行为，如：离家出走、恶性报复、殉情等。

③早恋多半是不理智不成熟的选择，容易造成过度狂热和痴迷，因而直接影响学业。早恋的初中生学习注意力难以集中，学习成绩往往急速下降，进而与老师、家长关系恶化，严重者甚至会影响自己一生的前途和人生幸福。

④青春期自我约束力弱，有可能因一时冲动，稀里糊涂地发生并非自愿的性关系，更难以承担这种关系造成的怀孕、堕胎等严重后果。研究发现，无论是生理还是心理方面，女孩子比男孩子更容

易被男女的感情关系所伤,往往会造成一生的悲剧和终生的遗憾。

(4)初中生如何避免早恋。

①初中生要注意心理卫生,不看不适宜的报刊杂志、影视节目,不上不健康的网站,把精力投入到学习中去。

②加强自律,为自己制定明确的目标,以目标和理想粉碎私心杂念。多参加集体活动,培养正确的人际交往能力。

③作为家长、老师,一定要正确对待孩子的感情问题。不能不重视孩子的早恋,也不可视早恋为"洪水猛兽",一旦发现孩子有早恋迹象不必如临大敌,不可对孩子实施"狂风暴雨"般的惩罚。如果孩子出现早恋,作为家长、老师要首先关心孩子,耐心说服教育,帮助孩子分析问题的利弊,正确引导他们向正常的同学关系发展,用亲情、爱心把孩子从早恋的深渊中拉出来。

初中三年,是人生德智体美劳全面发展的时期,中学时代很快过去,等到了青年时代,人们会有足够的时间和空间去尽情享受爱情和婚姻的幸福。初中生谈恋爱,是情商低下的表现,是荒唐而糊涂的行为,就像80岁的老人想在妈妈怀里吃奶一样的荒唐和糊涂。情商高的人,会控制自己的情绪,会化解自己不该行动的情感。如果有爱心,就不会主动追求心爱的人,就不会向对方表白,因为你的表白,会严重影响对方的学习。如果真的有爱,一定会化青春萌动为学习动力,发誓为了能够与对方相爱一生并让对方一生幸福而努力学习,这才是真正的高情商、高智商的表现。

4.拒绝网络成瘾

(1)青少年网络成瘾的危害。

网络成瘾是由于过度使用网络而导致明显的社会、心理功能受损,表现在对网络的过分依赖,上网时间不断增加,从上网行为中获得愉快和满足,下网后出现焦虑、烦躁、不安等状况,在现实生活中出现自闭,终日沉浸在恍惚状态,通过上网来逃避现实生活中的烦恼与情绪问题等,是一种由网络引发的心理疾病。

青少年网络成瘾比例很高,长期沉溺于网络,对青少年的危害极大。首先,容易造成心理焦虑、脾气暴躁、性格扭曲等心理危害;其次,因上网而废寝忘食、夜不归宿,造成四肢无力、精神恍惚等身体危害;因迷恋网络,造成对学习不感兴趣、荒废学业等学习危害。甚至,有人因上网成瘾,人格扭曲,无心读书,中途辍学。最严重的是,有人因无钱上网,拦路抢劫,偷窃财物,导致违法犯罪。

(2)青少年网络成瘾的原因。

现代心理学研究认为,网瘾形成机理如同烟瘾、酒瘾、毒瘾一样,同样是操作条件反射形成、巩固、习惯化的过程。通俗地说,就是因为某些原因我们上网,然后我们接触到游戏,玩游戏过程觉得特别好玩,可以打发无聊的时间,可以逃避现实,可以在游戏中获得快乐与成就感,这个"甜头"使我们上网的时间越来越长,最后导致网络成瘾。

①家庭环境不良。青少年与父母之间的沟通不畅。思维活跃的青少年了解最新的互联网知识技术,其家长的网络知识和技术素养却不高,使家长的权威受到极大的挑战,阻碍了青少年与父母之间的心理沟通和情感交流,导致青少年通过网络寻求情感支持。

②青少年个体原因。容易网络成瘾的青少年,往往自我封闭,亲社会行为少,对很多事情都缺乏兴趣,情绪低落,缺乏追求和抱负,希望得到他人的接纳和认可,但又害怕被拒绝,常常以"退缩""逃避""自责""幻想"等不成熟的方式应付困难和挫折。

③学习压力过大。社会对青少年提出了更多更高的要求,升学、就业、家长期望等都给他们带来很大压力,但社会、家长和学校都不能帮助他们调整心态,有效缓解和释放种种压力,他们就会通过上网逃避问题、转移压力。

④网络监管不力。虽然国家出台了《互联网上网服务营业场所管理办法》,但上有政策下有对策,未成年人借成年人的身份证不经过认证就可以去正常上网,甚至网吧还提供身份证号,黑网吧引诱

青少年出入网吧上网,危害着青少年身心健康。

⑤青春期影响。由青春期发育导致的性意识萌动、自我意识增强以及心理发展不平衡等,使青少年感到痛苦而迷茫。当青少年无法获得相应知识,解决青春期困惑时,青少年就会通过网络这一途径去获取这方面的知识,并渐渐迷上网络。

⑥网络虚拟世界的吸引力。网络虚拟世界可以逼真地模拟现实生活,使人们在心理上获得同样的满足感。而且,这种满足还有着现实生活中所没有的种种优点。例如,在匿名的保护下,人们可以畅所欲言,不必承担任何后果,观点越是新、奇、特,得到的反响就越大,使得孩子们感到可以充分展现自我、实现自我。又如,网络自由平等的特性,为孩子们创造了"海阔凭鱼跃,天高任鸟飞"的新天地。在网络世界,一个人可以同时与很多人远隔重洋进行交流,尤其是平时比较内向、缺少关爱的孩子,深感孤独和无聊,在网上却可以交到很多好朋友,可以毫无保留地说出自己的烦恼,充分满足其交友需要和自尊需要。在游戏中,孩子们可以扮演各种角色,把握角色的命运,一夜之间就成为"盖世英雄"或"商界奇才"。很多孩子因为学习成绩不好,经常遭到家长的斥责、老师和同学的轻视。上网打游戏,不断"练功升级",成为他们找回自尊、实现人生价值的唯一途径。

(3)青少年如何避免网络成瘾。

①加强对青少年的认知教育和德育。要让他们知道,互联网只是我们生活中的一个部分,互联网以外同样有很多精彩有趣的事物,互联网永远不可能、也不应该为我们生活的全部。教育他们分清现实世界与虚拟世界,告诉他们什么是真实存在的东西。引导青少年分清网上的善恶,把道德教育作为防止青少年接触网上不良信息的根本措施。

②父母与孩子平等沟通。家长应该积极与孩子进行平等的沟通,去了解他们的内心世界,了解孩子所需所想,给孩子以精神上的

关怀、理解与安慰。家长可经常与孩子聊他们感兴趣的事情,共同参与孩子感兴趣的有意义的活动,尊重孩子的认知,满足孩子对精神之爱的需求,从而可以减少孩子上网的欲望。

③引导孩子将注意力由网络转移到学业上。家长和老师应将青少年的求知欲引向正确的轨道,从青少年积极向上的心理特性出发,帮助其树立远大的目标,培养其高尚的情操,增强其自制能力。如学校经常性地开展各种文体活动,长期组建各种兴趣小组,针对学生的特长与兴趣,举办各种特色培训班,积极鼓励学生参加社会实践活动和各种有益的团体活动等,有意识地将青少年的视线从迷恋网络中转移出来。

④青少年加强自身修养。青少年应树立一个坚定正确的奋斗目标,注重自制力的培养。注意培养新的爱好和习惯,要多参加一些自己喜欢的有益于身心健康的活动,多做一些自己感兴趣的事情,用自己的新行为和习惯来代替上网习惯,注重陶冶自己的情操。当生活中遇到难题与困惑,要积极主动与外部沟通,寻求父母老师朋友等方面的外部支持,不要把上网作为逃避现实生活问题或者消极情绪的工具。

⑤求助他人。戒除网瘾,寻求别人的支持和帮助非常必要,这种支持可来自同学、老师、朋友和家庭,可先向他们说明自己控制上网的计划,请他们监督;当网瘾出现时,请他们及时提示,帮助克服。必要时可求助于心理医生、教育专家等专业人士来对孩子进行指导。

⑥科学上网。信息化时代的今天,不让学生接触电脑和网络是不现实的。网络是一把双刃剑。我们要正确看待网络,若合理安排上网时间,把电脑作为学习工具,便会让自己的生活变得充实而有意义。初中生每周最多上网2—3次,且每次上网时间不超过1小时,限制上网内容。每次上网前,一定先明确上网的任务和目标,把要完成的具体任务和内容列在纸上,不迷恋网上游戏。

网络游戏是计算机程序员编写的0、1二进制代码程序,网络游戏的实质,是人玩人。你玩了他的游戏,实质你被游戏程序玩了。网络游戏的本质,就像有人用粉笔在地上画了一个小房子,然后鼓动你在小房子生活、战斗、玩乐,而你竟天真地把别人用粉笔画的小房子当成真实的房子,全心全意地掏钱花时间费精力在粉笔房子里打打闹闹,浪费生命,把初中阶段人生最重要的发展主题——学习抛在脑后,结果注定一无所获,却失去初中的学习机会,失去日后学习更多更深更好的知识的机会,置父母、老师、亲朋好友痛心疾首于不顾,这种愚蠢、幼稚的行为,真的令人哭笑不得。

游戏越玩越空虚,越玩越堕落,根本原因在于游戏是人设计的,而且,游戏设计者并不比我们高明多少,只是他比我们先学会了计算机编程。玩这种游戏,没有任何意义,只是在浪费生命,自毁前程。

5.牢牢把握初中阶段的人生发展主题

初中三年是人生学习的黄金期,也是人生的第一个分水岭。很多初中生不懂得人生发展的阶段性意义,不能醒悟到初中是人生发展的知识奠基期,不能明白初中三年的人生发展主题是学习,却稀里糊涂地浪费了三年时间,让自己的人生失去了向更高层次发展的机会。很多初中生不是不想学习,而是经不起各种诱惑,不能理解不同人生阶段的不同发展主题,因而放松对自己的约束,随波逐流,很不理性地自我任性发展,还自以为是,不屑于他人的忠告劝阻,等到初中毕业,因成绩糟糕,早早踏入社会后,才发现自己无法进入好的高中去学习的严重后果。再过三年,当很多同龄人迈入高等名校深造,更加察觉出自己的差距,后悔与自责的感受更加强烈。再过四年,当年的同班同学等同龄人从高等学府光荣毕业,并在职场上获得巨大成功,或者再过几年,一些同学完成了博士、博士后的学业后,他们置身时代前沿,引领社会发展。再回头看自己,此时只能从事一些简单的工作。两者在社会层次、发展前景、人生见识、工资收入等方面,存在着天壤之别,这时,他才真正感慨万千,追悔莫及。于是,把所有的希望寄托在儿女们的身上,用当年父母、老师、亲朋好友劝告自己的话,原封不动地惠及自己的儿女。可是,这时,他的人生已是中年。

初中不好好学习,错过了初中三年,将来必然会后悔莫及,甚至终生遗憾。

人生发展的阶段性,是你把握初中三年时光而努力学习的最好的内动力之源。

人生的不同阶段有不同的任务和主题,混乱了主题,错过了任务,便意味着打乱和摧毁自己的人生发展。如果5岁的儿童想着结婚的事,或者80岁的老人想躺在妈妈的怀里撒娇、吃奶,我们都会觉得他们非常愚蠢和荒唐。因为不同的年龄段应该干不同的事,相应的年龄段有相应的发展主题。

因此,当初中生沉湎于早恋、网络、电视、庸俗书刊,不去认真学习,在本质上,与5岁儿童想结婚、80岁老人想吃妈妈的奶,是一样的愚蠢与荒唐,他们混乱了人生阶段,干了不该干的事。

初中之前,我们还是个能在父母怀抱里撒娇的孩子,但初中之后,我们已是青少年,不再是孩子,是人生走向成熟的开端,开始全面学习人类每个学科的基础知识,为日后的深造与发展奠基。只有把握了人生发展阶段的规律和主题,才能促使初中生清醒地学习与生活。

相对于一生而言,初中三年非常短暂。初中生要坚定不移地利用这三年,认真学习,全面提升自己,确保德智体美劳全面发展,让人生不留遗憾。人不能没有梦想,初中阶段是编织人生梦想的最佳时期,在领悟和理清人生发展脉络的前提下,要学会规划自己的人生。要为梦想而生,为梦想而学,为梦想而努力奋斗。

五、人生的价值

(一)人生价值的内涵

价值是标志客体对于主体需要的满足关系。客体、主体和需要关系,是价值的三要素。离开任一要素,孤立地谈论价值,是没有意义的。客体价值的大小与它对主体需要的满足程度成正比,可分为正价值、无价值(零价值)、负价值。

比如,水的价值,是指水这一客体对于某些主体需要的满足关系。我们不能孤立地说水有价值。我们只能说,水对人有价值,或水对鱼有价值,因为水满足了人或鱼的生存需要。

人生的价值,即人生的意义,是指人生这一客体对于社会、自身和自然界等主体需要的满足关系,三者对应着人的社会价值、个人价值和自然价值。

(二)人的社会价值

人的社会价值就是个人的劳动创造活动对于社会需要的满足,通俗地说,就是个人对社会的贡献。一个人对社会的贡献越大,他的社会价值就越高。一个人对社会不做任何贡献,或不承担任何社会责任,他的社会价值为零或无社会价值。一个人危害社会或反社会,他的社会价值为负值。

人一生中会面对不同的人群,与他们产生不同的社会关系,充当不同的社会角色。每种社会角色背后,对应着特定的社会关系,享受相应的权利,并承担特定的责任和义务。若能成功扮演好你的社会角色,你便发挥了你的社会价值。

1.你对父母的价值

你是父母爱的结晶。

你继承着父母的基因,你的基因一半来自父亲,一半来自母亲。

你是父母生命的延续。

母亲经过十月怀胎的艰苦,忍受着分娩时撕心裂肺的痛苦,将你的生命完整地带到这个世界上。此后,从婴幼儿到童年,从少年到青年,父母含辛茹苦将你养大,给你爱,给你力量,尽他们一切所能,满足你成长的一切需求,直到你长大成人,走上社会,直到你能独立自主生活。甚至当你有儿有女、成为人父人母之后,但在你父母眼里,你仍然是他们最宝贝的孩子。

你永远是你父母的生命和希望。

当父母年迈体弱多病时,你便成为父母的依靠,赡养和孝敬父母是你的责任和义务。

当父母老去,你要为他们料理后事,并在每年清明之时,无论你在天涯海角,你都要祭拜已故的父母,追思与怀念父母对你的养育之恩。

你对父母的价值,在于你能够健康快乐成长,在于你能够将他们的基因和生命延续至下一代,在于你能够学有所成,在于你能独立生活,在于你能为父母养老送终,在于你有能力让父母享受幸福的晚年生活。

初中生唯有学有所成,才能更好地履行其对父母的义务,才能最大化地实现其对父母的价值。

2.你对未来子女的价值

你的未来子女,是你与爱人相爱的结晶。

未来子女的生命拜你所赐,子女继承了你的基因,是你在这个世界上的生命延续,你是你的子女责无旁贷的监护人、抚养者和他们人生的第一任老师。

虽然你可以乐观相信一代会胜过一代,但作为父母,你应竭尽所能,履行好父母的神圣职责,陪伴子女幸福快乐成长,培育出健康有为的下一代。只有这样,你的基因才会得到更好的传承,你的生命才会得到更好的延续。

如果你在学生时代惰学厌学,你日后有资格、好意思教导你的子女吗？最好的教育在于言传身教。所以,成为子女人生的榜样,是你的责任。你绝不希望成为你未来孩子在学习上笑柄。因此,你必须要有人生的远见,不要鼠目寸光,贪一时小乐,而丧失大好的学习良机。学好知识,意味着日后你有更大的能力给予你子女们更好的物质和精神生活条件。你不一定要让你的孩子成为富二代,但你至少应该有能力提供孩子们成长的一切经济条件,这是你的责任,也是你作为父母的人生价值所在。

3.你对家人的价值

除了父母和子女外,你还会有你的配偶,你的兄弟姐妹,你的其他长辈。他们都是你的家人。

你未来的配偶是你人生的另一半,你们在人类70多亿个成员中选择了彼此,相伴一生,这种神奇而伟大的缘分,值得你珍爱一生。婚姻是爱情的结果、延续和升华,你对配偶的价值,在于你能健康长寿,能够相爱和照顾彼此,并在对方疾病或危难之时,无条件地照顾、帮助和保护对方。

你的兄弟姐妹,是你的手足,你们有着共同的血缘,成长在同一屋檐下,是这个世界上最亲的亲人。对于兄弟姐妹们,你们有相互照顾的责任和义务。

你的其他长辈,指的是你父母的父母,或你父母的兄弟姐妹,或是你父母的其他长辈。这些都是你最亲最爱的人,父母的责任和义务,同样是你的责任和义务。

对于一个家庭而言,每一个成员,都应享受彼此爱的关怀和成长的照料。你对家人的价值,在于你自我健康幸福成长。你的存在,就是你家人的幸福。同时,你应当学有所成,一方面能成为家人的标杆,另一方面能创造更多的价值,让家人享受更丰富的物质和精神生活。

4.你对亲朋好友的价值

由血缘和婚姻而建立的人际联系,为亲戚关系。

因情感与志趣相投而建立的人际联系,为朋友关系。

以上两种关系,我们统称为亲朋好友关系。

在亲朋好友眼里,你是他们的精神支柱和情感依赖,也是危难关头的援助者。

一个人可以走得更快,但一群人可以走得更远。社会是人的集合,亲朋好友是我们在这个社会上的安全网。建立、维护和发展亲朋好友网络,是你人生幸福的保障和体现。

在亲朋好友之间,相互帮助是彼此的责任。你应该立志成为强大的人,成为有能力帮助亲朋好友的人,因为帮助别人的利他行为,是人生幸福之源。对亲朋好友而言,你的成就越大,你越是他们的骄傲和自豪,越能激励他们奋发向上,在他们危难之际,你就越有能力向他们伸出援助之手,这样才能在亲朋好友中发挥更大的价值。

5.你对同学、战友或同事的价值

同学、战友或同事关系,是双重关系,一方面是伙伴合作关系,另一方面是良性竞争关系。

成就永远是人的价值尺度。

人的学习能力和学习成绩,往往决定其成就。

学生时代直接以成绩优胜劣汰,而在军队或职场中,学习能力和学习成绩往往是你脱颖而出的武器,更是你未来成功的基础。名牌大学的高材生在军队或职场中往往备受关注和青睐,正是因为他的学习能力和知识储备得到社会的公认,人们相信他们有能力更好地完成新的学习任务,并因而更能胜任新的工作。

同学或战友关系,一般都非常亲密,特别是毕业或退伍后,感情非常深厚。只有努力学习,你才能成为同学或未来战友、同事中的佼佼者。同时,你的成功,会成为同学、战友、同事的榜样,激励他们积极向上。当他们需要帮助的时候,你有能力挺身而出,热心相助,从而体现了你对他们的价值。

6.你对国家的价值

梁启超说过,少年强则中国强。

少年时代周恩来,一句"为中华民族之崛起而读书",至今仍激励着每一个中国人。

有着5000年悠久文明史的中华民族,在近代饱受众多列强的侵略,根本原因在于当时国人的愚昧与无知。无知必落后,落后必挨打,这是人类的铁律。经过一百多年的反抗和奋斗,今天的中华民族终于屹立于世界民族之林。但是,我们应当清醒地看到,今天的中国,依然被众多列强围堵打压,列强们不希望中国强大,只希望中国永远软弱落后。中国人,特别是青少年一代,一定要强化民族意识。没有国就没有家,没有国家的强大,就没有每一个中国人的幸福生活。国家的强大,源于国民的勤劳、好学、创新、奉献。如果青少年一代没有民族意识和国家意识,都贪图享乐,惰学厌学,不思进取,中华民族将陷入亡种灭族的危险之中。70多年前的南京大屠杀的血的教训,每一名中国人都要铭记于心。

初中生应当努力学习,成为国家未来的栋梁之才,为中华民族伟大复兴贡献自己的力量,这正是你对国家的价值所在。

7.你对人类的价值

你是人类的一员,你的生命存在的本身,就已经体现了人类代际延续的价值所在。至少,你的存在,意味着人类还在。这是你对人类最基本的价值。

人类从茹毛饮血的远古蛮荒,发展到今天全球化的信息时代,一代又一代祖先们付出了巨大的牺牲和努力。今天的人类能轻松地生存在这个星球上,得益于一代又一代先人的勤劳、创造和积累,得益于人类对知识和文明的代际学习、传承、创造,得益于先人们留下的丰厚遗产。现在,人类文明的接力棒交在你的手上,将人类文明发扬光大、为人类后代造福,是你对人类的价值所在。

随着全球化浪潮的风起云涌,今天的人类陷入环境危机和秩序危机之中。环境危机有全球变暖、臭氧层破坏、海洋酸化、淡水资源危机、能源短缺、森林资源锐减、土地荒漠化、物种加速灭绝、垃圾成灾、有毒化学品污染、氮循环失衡、气溶胶"超载"、放射性污染、噪音污染、光污染等危机。秩序危机有经济危机、政治危机、滥用科技危机、信仰危机、婚姻危机、人口危机、食品危机、战争危机等。今天的人类,若自身没有能力化解以上危机,自我毁灭是必然的结局。

作为人类的一员,身为一名初中生,正值学习的黄金时期,学好知识,化解人类危机,引领人类走向幸福的彼岸,是你的神圣职责,是你对人类最大的价值所在。

(三)人的个人价值

人的个人价值就是个人的劳动创造活动对于自身需要的满足,通俗地说,就是个人对自己的贡献。一个人通过自身努力,越是得到社会的尊重和满足,其个人的价值就会越大,反之则越小。个人价值的前提是个人自身的努力创造。个人不创造价值,却过着寄生虫式的奢侈生活,这类生活方式的个人价值为负值。

美国心理学家马斯洛提出著名的五层次需要理论,把人的需要分为五个层次,分别是生理需要、安全需要、爱与归属感的需要、尊重的需要、自我实现的需要。

生理需要:这个层次的需要是最基本的生存需要,也就是能够维持人活下来的需要,反映在生活中就是食物、空气、饮水、睡眠、保暖衣服、居住等。

安全需要:这个层次需要一般是在满足生理需求的情况下,人开始注意自身安全和稳定方面的需要。这个需要主要体现在社会秩序、体制、法律、和平、医疗、教育等各方面。

爱与归属感的需要:这个层次的需要指向人们的精神方面,在满足前面两种需要的情况下,人们就开始渴望亲人、朋友、爱、友谊,希望能和别人建立起一定的交际关系,希望得到别人的认可,需要在亲人朋友同事等群体中处于一个恰当的位置。

尊重的需要:这是更高层次的精神需要,已经不再是希望一个恰当的位置的需要,一方面是获得自尊、信心、能力、本领、成就、独立、自由的愿望;另一方面要在一定群体中有威望、被承认、有地位、有名誉、被欣赏等。

自我实现的需要,是人最高层次的需要,是实现个人的理想、抱负、追求,体现在成为某一个领域的顶尖人物,甚至是时代里程碑式的人。

马斯洛理论认为,层次越低的需要力量越强,它们能否得到满足直接关系到个体的生存,因而低层次的需要又叫缺失性需要。高层次需要的满足有益于健康、长寿和精力旺盛,所以高层次的需要又叫生长需要。只有低一级的需要实现后,人才会有更高一级的需要。

马斯洛需要层次理论与中国传统知识分子"修身、齐家、治国、平天下"的人生价值目标相比,更体现了对个体的内心幸福感的尊重,更具现实性,更合乎人性。如果人人都争着去"治国、平天下",则反而不一定有利于社会的安宁。"齐家"观点,也值得商榷,因为家庭成员——哪怕是孩子,人人都是平等的,不存在由一个大男子主义者来"齐"的问题。在21世纪的今天,将中国传统的"治平观"调整为"修身、爱家、兴国、利天下",则更加合理和人性化。

实现了个人价值,实际就是实现了个人的人生幸福。只有终身学习、毕生发展的人,才能实现更多的个人价值和人生幸福。

(四)人的自然价值

人的自然价值就是个人的劳动创造活动对于大自然需要的满足,通俗地说,就是个人对于生态环境以及地球上其他生命体的贡献。在尊重自然、保护环境、维护和发展人与自然和谐相处上贡献越多的人,他的自然价值越大。破坏自然、危害人与自然和谐相处的人,他的自然价值为负值。

(五)人生价值的货币量化分析

人一生中创造多少社会财富,以及人一生中消费多少社会财富,很难准确地计算出来,因为社会财富种类繁杂,具有相对性、波动性、历史性,特别是精神财富无法准确量化估价。但为了直观分析人生价值的多少,不妨通过预设理想化的模型,将创造或消费的社会财富用货币量化出来,以便计算出人一生中总消费与总收入的货币量化结果,便于我们得出"何种人生更有价值"的结论。

面对多元而复杂的人类社会,为了便于量化分析,我们以中国三线城市的普通居民为研究对象,假定人均寿命为74岁,且社会财富中的精神财富可以量化为物质财富。

1.人一生的基本开支

(1)吃的基本开支。

假设每人一天吃0.5千克米饭(3元),0.5千克肉(10元),一只鸡蛋(1.5元),0.5千克青菜(2.5元),水果(5元),一杯牛奶(3元),合计:25元。

一年吃的开支为366×25=9150元。

一生吃的开支为9150×74=677100元。

(2)穿的基本开支。

假设每人每年穿的鞋有:运动鞋1双(200元),皮鞋1双(200元),布鞋1双(100元),凉鞋1双(200元),棉皮鞋1双(200元),拖鞋1双(50元),袜子6双(50元)。小计:1000元。

假设人每年穿衣服的开支为2000元。

则每年穿的开支为3000元。

一生穿的总开支为3000×74=222000元。

（3）住的基本开支。

假设一生住房开支500000元。

（4）行的基本开支。

假设人一年交通方面的开支为4000元。

则人一生行的开支为296000元。

（5）人的一生基本开支总额。

吃 677100 元 + 穿 222000 元 + 住 500000 元 + 行 296000 元 = 1695100元。

即人的一生基本开支约170万元。

2.人一生总收入

假设人从26岁工作到65岁,按年收入50000元计算。

则人的一生总收入为50000元×40年=2000000元,约200万元。

3.人一生收支总额

人的一生总收入200万元与人一生的基本开支170万元的差,便是人一生积累的财富价值,约为30万元。

也就是说,以普通市民为例,他一生可为人类留存约30万元价值的财富。

4.人生价值的货币量化分析结论

人生,只有当他的劳动创造的价值大于他一生的消费价值,他才能为这个世界留下财富,他才是个利他的人,才是个有利于人类社会发展的人,才是个有价值的人。一个人知识水平越高,所创造出的价值会越高,他就能为人类社会积累更多的财富。知识水平越高,人生的价值空间会越大。那种只追求奢侈享受而不讲贡献的人,其人生价值为负。任何人,都有义务和责任去终身学习、毕生发展、创造财富。

（六）初中生要树立正确的人生价值观

人的社会价值和个人价值有主次之别。人类社会更提倡以人的社会价值为主,人更应该从他对社会的贡献来衡量他的价值。爱因斯坦也认为,一个人的价值,应该看他贡献什么,而不应该看他取得什么。之所以如此,是因为:首先,社会能够给予个人的东西,是先前人们创造和贡献出来的。在这里贡献是前提。其次,社会价值越大的人,应该得到更多的个人价值,社会应提供贡献更大的人以更多的满足和尊重,以褒奖和激励人们创造更多的社会价值。不讲贡献的享受和索取,是寄生虫的生活,他的人生价值为负值。最后,更重要的是,社会的发展有赖于人们的贡献,只有贡献大于索取,社会财富才会有所积累,人类才能延续、发展和进步。若人人索取大于贡献,人类社会将迅速崩溃而消亡。

(1)人类价值公理:每一代人应为下一代留下更多的财富和更优质的生存环境。人类发展至今,很显然,所积累的财富越来越多。例如,我们的原始祖先,栖息在破败的山洞,而今天,人类处处可见的是舒适的住宅和便利的交通设施。财富的积累,需要每一代人类创造的价值大于其消费的价值,这也是人类社会存在和发展至今的根本条件。

(2)人生价值公理:每个人一生中创造的财富要大于其消耗的财富。就此而言,无论你是富二代,还是穷二代,都应该通过一生的奋斗,去创造价值。因为衡量你一生的价值高低,主要是看你创造的价值多少,那种不劳而获的人生,违背了人生价值公理,必为人类社会的主流价值观所唾弃。

初中生为什么而学习?这是特别重要的问题,是人生价值观的问题。从现在起,只要你能够树立"修身、爱家、兴国、利天下"的人生理想,为人类社会发展进步而学习和奋斗,你的人生一定会硕果累累。

六、学习的意义

(一)知识照亮人类

人类由语言,发展到文字,再由纸质图书,发展到今天的电子图书,人类的文明正以几何级数的增速在飞跃。其根本原因在于人类善于总结和积累知识,善于在已有知识的基础上,创造出更新的知识。没有知识的创造和延续,就没有人类的脱颖而出,人类则不可能成为地球之王。人类通过教育,有意识地将知识进行代际传播。人类的优点在于人类崇尚知识、学习知识、延续知识、创新知识。为什么猪类、狗类、鼠类动物多年来没有长进,正是因为它们没有知识的积累,不会学习知识、延续知识和创新知识。知识将人类由黑暗引向光明,并将进一步引领人类步入更加灿烂的明天。

(二)学习完善人生

人类的每个成员,就生理条件而言,并没有太大的层级差别——除非天灾人祸。但是,人类成员之间就知识水平而言,往往会出现巨大的层级差别。文盲和科学家之间的知识差别,恰如天堑鸿沟一般。很多人因年少无知,不注重学习,将来便沦为社会的知识底层。知识从本质上而言,是一代代人类的生活和生产经验的积累,是解决生活或生产难题的钥匙,更是创新知识和创造价值的智力基础。不学习,就没有知识。没有知识,就很难步入今天人类最前沿的生活和生产实践中,去创造更多的价值。这也符合人类发展的基本原则——没有知识就没有人类的发展,没有学习就没有人类的进步。崇尚知识,热爱学习,是人类社会进步和个人成长发展的先决条件,也是人类核心价值观。

(三)初中生努力学习的九大理由

1.初中的课程知识值得你去学习

人在不同的年龄段应该学会相应的知识。初中阶段的课程内容,是人生最基础最需要的知识。初中课程内容是经过专家们科学构思、规划、精选、编排的,浓缩了古今中外人类文明的精华。这些知识,最适合青少年去学习和掌握,也是该年龄段必需具备的基础知识。不学好初中课程,你的结识结构将会出现缺陷和漏洞,对日后的人生发展将产生阻碍作用。

2.努力学习将使你德智体美劳全面发展

语文使你文采飞扬,数学使你思维缜密,英语为你打开了解世界的窗口,物理化学使你懂得物质的运动和变化原理,历史让你博闻古今中外,地理使你通晓天南地北,政治使你德才兼备,生物使你了解生命发展进化的历程,体育使你身心健康,音乐美术助你才艺双全。同学间的友好相处让你获得人生最纯朴的友谊,积极参加班集体活动助你成为团结友爱的人。刻苦学习、钻研难题、挑灯夜战培养了你吃苦耐劳的品格。不甘成绩落后、勇于赶超他人锻炼了你的竞争意识和能力。如果你珍惜了初中三年,踏踏实实地完成了老师布置的任务,不折不扣地实施了你每天的学习计划,你的收获远远不只是考卷上的好成绩,更有你德智体美劳全面发展的成长和进步。

3.努力学习是报答父母养育之恩的最好方式

养儿方知父母恩。初中生年龄尚小,很难理解父母养育自己的辛劳和付出。但是,你只要认真想像一番,就很容易体会到养育儿女之苦。你想,一个呱呱坠地的婴儿,吃喝拉撒全靠父母去伺候,让你照顾这样的婴儿一个星期,你一定会崩溃而逃,但父母却悉心照料你直到今天。虽然父母照料儿女是义务和责任,但儿女应该学会感恩和孝顺。初中生报答父母的最好方式就是努力学习。成绩优异的你,使你的父母对你的未来充满信心。儿女是父母生命的延续,你的优秀,会使父母无比欣慰。

4.努力学习是为了建设强大的祖国

少年周恩来的"为中华之崛起而读书",至今令人肃然起敬。当今世界,在和平与发展的前提下,国际竞争的法则仍是丛林中的弱肉强食。中国近代屈辱的历史让今天每一个中国人都清醒地意识到:"落后必挨打"。今天的中国,仍处在危机之中,一些国家对中国一贯实施围堵打压,中华民族的危机并没有完全消除。初中生若没有国家和民族意识,若不能为国而读书,中华民族将没有希望。全世界的青少年都在努力学习,各国都高度重视对下一代的培养教育,青少年的竞争力,决定着未来国家的竞争力。每一名中国人的身上都奔腾着华夏炎黄的血脉,都肩负着努力学习报效祖国的神圣使命。只有努力学习,才能让自己德才兼备,才有能力建设更加强大的中华人民共和国,才能实现中华民族伟大复兴的光荣梦想。

5.努力学习是实现全人类幸福的需要

我们都是人类社会的一员,推动人类向前发展、实现全人类幸福,是每个人的责任。人类发展到今天这个文明发达的时代,比起古代的人类祖先们,我们确实很强大很幸福。但是,今天的人类面临更多的危机,且有太多的宇宙之谜等待着人类去解开。我们现在所学的知识,正是人类先人们一点一点探索积累而来,我们有责任将人类文明的火种发扬光大。初中生只有努力学习,才有继续深造的机会,才有机会学习到更深层次的人类文化,才有可能创新人类的知识,化解人类当前的重重危机,引领人类进入更加幸福的未来,实现人类大同的宏伟梦想。

6.学习知识的本身是幸福的,而知识会给人带来更多意想不到的幸福

对新奇事物和未知世界充满好奇是人的本能。知识本身能给人带来快乐和幸福。初中阶段开设的每门课程都是人类的知识精华,学习初中知识,本身便是快乐幸福的事。虽然我们要面对应试的压力,但只要端正学习的态度,认清考试的实质,化解考试带来的压力,享受学习知识的快乐,我们的初中生活一定非常幸福。而且,知识本身就是幸福之源,能够改变你的人生,能助你苗壮成长、才华横溢、人生丰富,使你有能力面对日后人生的各种挑战。俗话说,知识就是经济,是金子总会发光的。只要你能够才华横溢、德才兼备,在任何环境、任何时期,你都将脱颖而出、备受青睐,人生的幸福永远会被你紧紧地攥在手中。

7.努力学习的人,是值得尊敬的人

人类社会的发展,离不开精英人物的示范和引领。人类历史上,那些勤奋好学、知识渊博、为人类发展做出巨大贡献的人,永远为后人所尊敬。悬梁刺股、囊萤映雪、凿壁偷光、程门立雪此类励志典故,至今催人奋进。勤奋学习的人,他们热爱知识,懒惰消极被他们一扫而光。同时,努力学习的人,也是非常有智慧的人,因为他们理解知识的妙处,洞察到学习对人生的积极意义。相反,那些不学无术、沉湎享乐的人,他们没有积极的人生价值观,没有踏实进取的精神,浮躁萎靡,胸无大志,缺乏人生长期的发展战略,必将为社会所淘汰。努力学习的人,既懂得自尊,也将赢得世人的敬意。

8.学习是初中生最好的选择,除此之外,好像也没有更值得去干的事

初中三年,如果你不学习,你想干什么呢?还有什么比学习更值得去干的事呢?

睡觉三年?想想你也不会答应的,因为你会觉得无味无趣。

看电视三年?电视一辈子都有的看,但初中只有三年,且电视剧、电影、娱乐节目、明星,都是别人的精彩,你为了实现他人的收视率,浪费三年时光,错过了你的人生发展的最佳奠基期,虽然精神可贵,但真的不划算。

上网三年?网络游戏是程序员编的二进制代码,是人为设计构思的虚拟假象。你在别人随手勾划的圈圈里疯乐个啥呢？你玩游戏,实际是游戏玩你。你打死了老怪,实际是老怪粉碎了你的人生梦想。在虚拟的世界里,除了收获低层次快乐、空虚、失落、无聊、无助、人生荒废、父母伤心欲绝、旁人唾弃之外,你有什么实质性收获呢？

谈恋爱三年？在不该谈恋爱的人生阶段,如果有人执意去谈恋爱,实际是证明他是一位不理智、没有远见、不思进取的人。这样的人,既害了自己,也害了恋爱对象,所以,他一定是个自私、不会为人着想、没有爱心的人。初中谈恋爱的人,只能说这样的人没有自制力,等到了青年时代,他反而没有精力去热爱自己的爱人了。因为这样的人,已经透支了他的爱情,日后等待他的将是更多的空虚和无聊。青年时代完全有机会去轰轰烈烈得谈情说爱,为什么偏偏在身心不成熟的初中谈情说爱呢？早恋恰恰不是情商和智商的早熟,而是情商和智商低下的表现。真正有情商的人,一定会为自己着想,更会为心爱的对方去着想,为双方家长着想,一定会以强大的克制力战胜自己青春期的本能冲动,去做一名有大爱的人,去做一名能让心爱的人能托付终身的人。

学一门手艺早早挣钱？初中三年的知识,都是人生必备的基础性知识。不扎实学好初中三年的知识,却辍学去学手艺,等于是小鸟没有学会飞行技术后,就想早早学会捕食的幼稚想法。人类发展至今,已经积累了大量的知识,现代社会的一切生活、生产,都是建立在高层次的知识基础之上。初中知识是当今人类必备知识,初中三年不好好学习,等于主动让自己成为社会上的知识低层,让自己成为现代人类社会中不合格的人。以后有的是时间去学手艺,但初中知识都没有掌握,你有什么资格学手艺呢？

还有什么可做的呢？除了学习之外,初中三年,没有什么更好的活动值得选择了。

9.努力学习的你,为你的子女及后人树立了良好的榜样

人生最大的悲哀,莫过于连自己的儿女都看不起自己。一个不学无术、浪费时光、碌碌无为的人,日后,自己的子女也不会欣赏的。而且,等你长大成人、成家立业、生儿育女之后,你会发现最好的教育是言传身教,而不是用自己的反面典型来让子女们引以为戒。努力学习吧,至少日后你的子女们会敬重你是个热爱知识和学习的人,是位值得尊敬的长辈,为子女和后人树立了良好的榜样。

七、自我意象

很多学习成绩不好的学生,不是因为他没有学习能力,甚至不是因为他不努力,而根本原因是他一直坚守着一个自我否定的"自我意象"。只有改变这个自我否定的自我意象,并重塑出一个新的积极向上的"自我意象",他才能真正步入优秀学生的行列。

自我意象就是"我属于哪种人"的自我观念,它建立在我们对自身的认知和评价基础上。在每个人的潜意识中,都会有一个自我的总体评价和总体意象。自我意象是根据自己过去的成功或失败,根据别人对自己的反应,根据自己对环境的比较意识,特别是童年经验而不自觉地形成的。

比如一个原本很聪明的儿童,但他的父母总是不经意地随口骂他是个"笨蛋",他平时做了很多聪明的事,但父母没有表扬过他"你是个聪明的孩子",但只要这个孩子犯了错误,父母就会随口一句"笨蛋",于是,这个孩子便渐渐怀疑自己真的是个"笨蛋",形成了"我是个愚蠢的人"的自我意象。上学以后,他从一开始就受制于他的自我意象,认定自己是个"愚蠢的人"。面对学业,他没有信心,没有内动力,因而也没有积极有效的学习行动,最终,他的糟糕成绩似乎验证了他的自我意象——"我是个愚蠢的人"。

人们从不质疑自我意象的正确性,而是自然而然地按照它去行

动,就像它是真的一样。自我意象会控制你能做哪些事,不能做哪些事,哪些事对你来说很难,哪些事很容易,甚至会决定别人对你有何反应。如果某人认为自己是"失败者",那么无论动机多好,意志力多坚强,他总能找到失败的方式,即便机遇来临,他也会失之交臂。

如果你对自己的学习成绩不满意,你第一步行动是改变你的自我意象。要探索自己原先的自我意象,从内心中呼唤出积极向上、敢学敢超的新的自我意象。不断强化这一信念:"我过去成绩不好,是因为我上了自己的当——我为自己构建了一个失败消极的自我意象。现在,我不再害怕了,因为我完全能够成为优秀的学生,我已经重新构建了积极向上的新的自我意象。而且,我的行动——我每天不断超越自我的努力学习,必定使我的成绩天天向上!"

八、人生参照系

在我们每个人的潜意识深处,都驻扎着一个参照系,它指引着你人生的发展趋向,左右着你人生中的重大抉择。甚至你的一举一动、喜怒哀乐,都难逃这个参照系的掌控。

参照系,通俗地说,就是我们的人生榜样和楷模,就是我们内心渴望成为的那个人或那些人。偶像是我们参照系的重要来源,但参照系不简单地等同于偶像,因为偶像是用来崇拜的,往往遥不可及,而参照系是实用主义的,它直接指挥我们一切行动。因此,除了偶像外,在我们的一生中,身边的重要人物和榜样,甚至童话故事、电影电视、网络游戏中的某个角色,也纷纷走进我们的人生参照系。

人是天生的模仿动物,有着先天的模仿能力和模仿习惯。如果你有过与婴儿相处的经历,对此,你会深信不疑。人生参照系是人的模仿本能的体现,也是人适应这个陌生的世界的有力武器。有了人生参照系,我们的一切行为和决策就会有一个直接的参考和模仿对象。官场的新人,刚刚出道的销售员,甚至是新婚的夫妻,他们除了紧握着《新人手册》之外,在他们的内心深处,都隐藏着一个参照系,任何无法应对的局面,这个参照系将给他们直接的行动指引。

参照系是复杂且动态发展的。进入我们参照系的人生导师往往不是某一个人,而是多个重要人物的整合、浓缩、"我"化。比如有一位公务员,他在职场上,以他世故有为的顶头上司为参照系;在生活上,以他勤劳节约的父亲为参照系;在业余爱好上,以他一位多才多艺的好友为参照系,等等。人生是立体的,人具有多面性,每个人的参照系往往是多个重要人物的组合和重整。我们的大脑智能系统,在我们的潜意识活动过程中,对我们的人生参照系进行整合、浓缩,并最终自我化,成为自我的一部分。当我们面对很多重大抉择时,表面上是自己做出了决定,事实上,是由我们的参照系在很短的时间内,帮助你做出决策的。

自我意象决定着进入我们参照系的重要人物是谁,同时,参照系在潜移默化中侵蚀、修订、重塑自我意象。

比如,一位学习成绩差的初中生A,他爱好网络游戏和篮球,成绩不好的同学、朋友,占据了他的参照系,因为"我是一名差生"的自我意象,排斥成绩优秀的同学进入他的参照系。但在他的球友中,有一位篮球高手B,学习成绩优异。B同学的球技是A同学梦中都在模仿的榜样。当A、B两位同学成为球友后,B同学的学习行为、习惯、意识,也会在潜移默化中影响着A同学。A同学的自我意象开始修订为"学习好的人,一样可以玩得好",尔后,又修订为"我也能成为既会玩也会学的人",最后,A同学掌握了B同学的学习方法,成绩迅速提高,这时,他的自我意象会完成质变,成为"我也是一名优秀的学生"。

在我们生活中,"浪子回头"的事例比比皆是。但是,"浪子回头"的前提,往往是人生参照系的改变。很多烟民得以彻底戒烟,是因为他找到戒烟的榜样。每个人的自我意象的改变,一般要经过

"我要成为他那样戒烟成功的人"、到"我是戒烟成功的人"、到"我是不抽烟的人"的转化过程,而参照系功不可没。

人生参照系,力量无穷。积极向上的人生参照系,能提升一个人迅速崛起;消极或错误的人生参照系,能毁人于万劫不复之境。

想成为优秀的学生,除了构建自己正能量的人生参照系外,别无选择。

一名初中生,若想迅速提高成绩,他要以"为中华民族崛起而读书"的周恩来为人生参照系,要以"探索人类和宇宙奥秘"的牛顿为参照系,要以励志勤学的同伴为参照系。只有建立强大的参照系,他才能成为强大的人。

如何重塑正能量的人生参照系呢?方法很简单,只要细细分析原先参照系中的某个重要人物的弱点,以及原先参照系对自己的危害。然后引荐一些更加有正能量的重要人物,使这个新的人生榜样逐渐为自己所认同和接受,最终,他的人生参照系将会重塑成功。

在我的人生参照系中,一直以父母为榜样,父母的勤劳善良,一直融入我的血液之中。后来,香港影星刘德华那种老黄牛的苦干精神深入我的内心,一直激励我成长。2003年,我偶然在收看CCTV的《面对面》栏目时,被一位来自安徽的中科院博士后的故事所吸引,他初中毕业后,虽然考取了县城的高中,但贫困的家境,使他只能到北京打工,在他打工的十几年时间里,他竟然通过自学,先是参加自考,后来考研、考博,直到上节目时,他已成为中科院的博士后。我深受鼓舞,当年报考研究生,经过多年的努力,我考取了硕士研究生。后来,我了解到德国哲学家康德,虽然他一生未踏出过哥特斯堡小镇,但他的思想之光,照亮人类,永泽地球,令我无比崇敬。于是,我开始走上勤奋、隐忍、甘于寂寞的自我奋斗之路。

若想改变你自己,就从重塑自己的人生参照系开始吧。

九、白日梦

在人们的印象中，"白日做梦"是个贬义词。但我所讲的"白日梦"却是个法宝——通过经常主动想像自己成功时的情形，你往往真的能够走向成功，实现梦想。

人的神经系统不能区分想像出来的经历与实际的经历，对于两种不同类型的经历，大脑只能作出相同的反应。白日梦在大脑中建立起新的"记忆"，这些积极的记忆可以传递到自我意象，而自我意象能决定一个人的成败。

你不妨利用有意识的白日做梦来创造自己的未来。建议你选一个不受打扰的时间，闭上眼睛，让你的想像力自由翱翔，记住，将你想达到的目标想像成你已经达到了，将你想像出来的成功时的各个细节在脑海里过一遍，让每个过程清楚明晰，并将这些细节深深地印在你的脑海里。于是，这些想像的成功在你的大脑里建立了牢固的记忆痕，而这些记忆痕会自发地成为你自我意向的一部分，充分激发你的潜能，会对你的日常生活产生积极影响，最终会推动你实现自己的理想目标。

当然，白日做梦绝不能代替艰苦的努力。如果你要的是体育成就，你还得进行大量的锻炼，你得努力提高技巧。如果你追求的是优异成绩，你绝不能忽视学习。单是白日做梦不能使你如愿以偿。

身为初中生的你，建议你每天留出几分钟时间，用于白日做梦。试着想像自己成为全班第一时的美妙场景，以及考入理想的高中和大学时的美妙时刻，甚至想像着亲朋好友羡慕和道贺的场景。这些想像的成功，能够激励出你最大的学习内动力。

第三章 初中生学习的目标力校正

初中生学习的目标力,是指初中生明确学习目标、瞄准学习目标的能力。

不是每一位初中生都有明确的学习目标,不少人在浑浑噩噩中荒芜了三年,甚至一生都不知道初中的学习目标到底是些什么。

初中生学习的目标力校正,是对那些学习目标不明确、瞄不准学习目标甚至毫无学习目标的初中生进行校正,使他们明确三年初中的总体目标、阶段目标、当前目标,明确各个学科的学习目标,以及始终瞄准目标,不走弯路。

一、《义务教育法》对初中生学习目标的要求

(1)《中华人民共和国义务教育法》(以下简称为"义务教育法")第三条规定,"义务教育必须贯彻国家的教育方针,实施素质教育,提高教育质量,使适龄儿童、少年在品德、智力、体质等方面全面发展,为培养有理想、有道德、有文化、有纪律的社会主义建设者和接班人奠定基础"。

(2)《义务教育法》第二十四条规定,"学校应当建立、健全安全制度和应急机制,对学生进行安全教育,加强管理,及时消除隐患,预防发生事故"。

(3)《义务教育法》第二十九条规定,"教师在教育教学中应当平等对待学生,关注学生的个体差异,因材施教,促进学生的充分发展"。

（4）《义务教育法》第三十四条规定，"教育教学工作应当符合教育规律和学生身心发展特点，面向全体学生，教书育人，将德育、智育、体育、美育等有机统一在教育教学活动中，注重培养学生独立思考能力、创新能力和实践能力，促进学生全面发展"。

（5）《义务教育法》第三十六条规定，"学校应当把德育放在首位，寓德育于教育教学之中，开展与学生年龄相适应的社会实践活动，形成学校、家庭、社会相互配合的思想道德教育体系，促进学生养成良好的思想品德和行为习惯"。

（6）《义务教育法》第三十七条规定，"学校应当保证学生的课外活动时间，组织开展文化娱乐等课外活动。社会公共文化体育设施应当为学校开展课外活动提供便利"。

（7）《义务教育法》第三十八条规定，"教科书根据国家教育方针和课程标准编写，内容力求精简，精选必备的基础知识、基本技能，经济实用，保证质量"。

（8）《义务教育法》第三十九条规定，"国家实行教科书审定制度。教科书的审定办法由国务院教育行政部门规定。未经审定的教科书，不得出版、选用"。

归纳以上8条规定，《中华人民共和国义务教育法》对初中生学习目标的要求有：注意素质教育，加强德育、智育、体育、美育、安全教育，培养自身独立思考能力、创新能力和实践能力，促进自己全面发展。同时，初中课本的编审是严格的，各门学科的教科书的质量是过硬的，是经过国家教育部门严格把关的。

二、《课程标准》对初中生学习目标的要求

于2012年秋开始实施的《义务教育课程标准（2011版）》（以下简称《课程标准》）是教育部公布的义务教育阶段19个学科科目的新课程标准，对初中生各门课程的学习目标提出了明确的要求。

(一)《语文课程标准》提出的初中生语文学习目标

1.总体目标

(1)在语文学习过程中,培养爱国主义、集体主义、社会主义思想道德和健康的审美情趣,发展个性,培养创新精神和合作精神,逐步形成积极的人生态度和正确的世界观、价值观。

(2)认识中华文化的丰厚博大,汲取民族文化智慧。关心当代文化生活,尊重多样文化,吸收人类优秀文化的营养,提高文化品位。

(3)培育热爱祖国语言文字的情感,增强学习语文的自信心,养成良好的语文学习习惯,初步掌握学习语文的基本方法。

(4)在发展语言能力的同时,发展思维能力和科学的思想方法,逐步养成实事求是、崇尚真知的科学态度。

(5)能主动进行探究性学习,激发想象力和创造潜能,在实践中学习和运用语文。

(6)学会汉语拼音。能说普通话。认识3500个左右常用汉字。能正确工整地书写汉字,并有一定的速度。

(7)具有独立阅读的能力,学会运用多种阅读方法。有较为丰富的积累和良好的语感,注重情感体验,发展感受和理解的能力。能阅读日常的书报杂志,能初步鉴赏文学作品,丰富自己的精神世界。能借助工具书阅读浅易文言文。背诵优秀诗文240篇(段)。九年课外阅读总量应在400万字以上。

(8)能具体明确、文从字顺地表达自己的见闻、体验和想法。能根据需要,运用常见的表达方式写作,发展书面语言运用能力。

(9)具有日常口语交际的基本能力,学会倾听、表达与交流,初步学会运用口头语言文明地进行人际沟通和社会交往。

(10)学会使用常用的语文工具书。初步具备搜集和处理信息的能力,积极尝试运用新技术和多种媒体学习语文。

2.具体目标

（1）识字与写字。

①能熟练地使用字典、词典独立识字，会用多种检字方法。累计认识常用汉字3500个左右。

②在使用硬笔熟练地书写正楷字的基础上，学写规范、通行的行楷字，提高书写的速度。

③临摹名家书法，体会书法的审美价值。

④写字姿势正确，有良好的书写习惯。

（2）阅读。

①能用普通话正确、流利、有感情地朗读。养成默读习惯，有一定的速度，阅读一般的现代文，每分钟不少于500字。能较熟练地运用略读和浏览的方法，扩大阅读范围。

②在通读课文的基础上，理清思路，理解、分析主要内容，体味和推敲重要词句在语言环境中的意义和作用。对课文的内容和表达有自己的心得，能提出自己的看法，并能运用合作的方式，共同探讨、分析、解决疑难问题。

③在阅读中了解叙述、描写、说明、议论、抒情等表达方式。能够区分写实作品与虚构作品，了解诗歌、散文、小说、戏剧等文学样式。

④欣赏文学作品，有自己的情感体验，初步领悟作品的内涵，从中获得对自然、社会、人生的有益启示。对作品中感人的情境和形象，能说出自己的体验；品味作品中富于表现力的语言。

⑤阅读简单的议论文，区分观点与材料（道理、事实、数据、图表等），发现观点与材料之间的联系，并通过自己的思考，作出判断。阅读新闻和说明性文章，能把握文章的基本观点，获取主要信息。阅读科技作品，还应注意领会作品中所体现的科学精神和科学思想方法。阅读由多种材料组合、较为复杂的非连续性文本，能领会文本的意思，得出有意义的结论。

⑥诵读古代诗词,阅读浅易文言文,能借助注释和工具书理解基本内容。注重积累、感悟和运用,提高自己的欣赏品位。

⑦随文学习基本的词汇、语法知识,用来帮助理解课文中的语言难点;了解常用的修辞方法,体会它们在课文中的表达效果。了解课文涉及的重要作家作品知识和文化常识。

⑧能利用图书馆、网络搜集自己需要的信息和资料,帮助阅读。

⑨学会制订自己的阅读计划,广泛阅读各种类型的读物,课外阅读总量不少于260万字,每学年阅读两三部名著。背诵优秀诗文80篇(段)。

(3)写作。

①写作要有真情实感,力求表达自己对自然、社会、人生的感受、体验和思考。

②多角度观察生活,发现生活的丰富多彩,能抓住事物的特征,有自己的感受和认识,表达力求有创意。

③注重写作过程中搜集素材、构思立意、列纲起草、修改加工等环节,提高独立写作的能力。

④写作时考虑不同的目的和对象。根据表达的需要,围绕表达中心,选择恰当的表达方式。合理安排内容的先后和详略,条理清楚地表达自己的意思。运用联想和想象,丰富表达的内容。正确使用常用的标点符号。

⑤写记叙性文章,表达意图明确,内容具体充实;写简单的说明性文章,做到明白清楚;写简单的议论性文章,做到观点明确,有理有据;根据生活需要,写常见应用文。

⑥能从文章中提取主要信息,进行缩写;能根据文章的基本内容和自己的合理想象,进行扩写;能变换文章的文体或表达方式等,进行改写。

⑦根据表达的需要,借助语感和语文常识,修改自己的作文,做到文从字顺。能与他人交流写作心得,互相评改作文,以分享感受,

沟通见解。

⑧作文每学年一般不少于14次,其他练笔不少于1万字,45分钟能完成不少于500字的习作。

(4)口语交际。

①注意对象和场合,学习文明得体地交流。

②耐心专注地倾听,能根据对方的话语、表情、手势等,理解对方的观点和意图。

③自信、负责地表达自己的观点,做到清楚、连贯、不偏离话题。

④注意表情和语气,根据需要调整自己的表达内容和方式,不断提高应对能力,增强感染力和说服力。

⑤讲述见闻,内容具体、语言生动。复述转述,完整准确,突出要点。能就适当的话题作即席讲话和有准备的主题演讲,有自己的观点,有一定说服力。

⑥讨论问题,能积极发表自己的看法,有中心、有根据、有条理。能听出讨论的焦点,并能有针对性地发表意见。

(5)综合性学习。

①自主组织文学活动,在办刊、演出、讨论等活动过程中,体验合作与成功的喜悦。

②能提出学习和生活中感兴趣的问题,共同讨论,选出研究主题,制订简单的研究计划。能从书刊或其他媒体中获取有关资料,讨论分析问题,独立或合作写出简单的研究报告。

③关心学校、本地区和国内外大事,就共同关注的热点问题,搜集资料,调查访问,相互讨论,能用文字、图表、图画、照片等展示学习成果。

④掌握查找资料、引用资料的基本方法,分清原始资料与间接资料的主要差别,学会注明所援引资料的出处。

(二)《数学课程标准》提出的初中生数学学习目标

通过对数学课程的学习,注重发展初中生的数感、符号意识、空间观念、几何直观、数据分析观念、运算能力、推理能力和模型思想。为了适应时代发展对人才培养的需要,数学课程还要特别注重发展学生的应用意识和创新意识。

1.知识技能

(1)体验从具体情境中抽象出数学符号的过程,理解有理数、实数、代数式、方程、不等式、函数;掌握必要的运算(包括估算)技能;探索具体问题中的数量关系和变化规律,掌握用代数式、方程、不等式、函数进行表述的方法。

(2)探索并掌握相交线、平行线、三角形、四边形和圆的基本性质与判定,掌握基本的证明方法和基本的作图技能;探索并理解平面图形的平移、旋转、轴对称;认识投影与视图;探索并理解平面直角坐标系,能确定位置。

(3)体验数据收集、处理、分析和推断过程,理解抽样方法,体验用样本估计总体的过程;进一步认识随机现象,能计算一些简单事件的概率。

2.数学思考

(1)通过用代数式、方程、不等式、函数等表述数量关系的过程,体会模型的思想,建立符号意识;在研究图形性质和运动、确定物体位置等过程中,进一步发展空间观念;经历借助图形思考问题的过程,初步建立几何直观。

(2)了解利用数据可以进行统计推断,发展建立数据分析观念;感受随机现象的特点。

(3)体会通过合情推理探索数学结论,运用演绎推理加以证明的过程,在多种形式的数学活动中,发展合情推理与演绎推理的能力。

(4)能独立思考,体会数学的基本思想和思维方式。

3.问题解决

(1)初步学会在具体的情境中从数学的角度发现问题和提出问题,并综合运用数学知识和方法等解决简单的实际问题,增强应用意识,提高实践能力。

(2)经历从不同角度寻求分析问题和解决问题的方法的过程,体验解决问题方法的多样性,掌握分析问题和解决问题的一些基本方法。

(3)在与他人合作和交流过程中,能较好地理解他人的思考方法和结论。

(4)能针对他人所提的问题进行反思,初步形成评价与反思的意识。

4.情感态度

(1)积极参与数学活动,对数学有好奇心和求知欲。

(2)感受成功的快乐,体验独自克服困难、解决数学问题的过程,有克服困难的勇气,具备学好数学的信心。

(3)在运用数学表述和解决问题的过程中,认识数学具有抽象、严谨和应用广泛的特点,体会数学的价值。

(4)敢于发表自己的想法、勇于质疑,养成认真勤奋、独立思考、合作交流等学习习惯,形成实事求是的科学态度。

(三)《英语课程标准》提出的初中生英语学习目标

1.总体目标

通过英语学习使初中生形成初步的综合语言运用能力,促进心智发展,提高综合人文素养。

(1)有较明确的英语学习动机、积极主动的学习态度和自信心。

(2)能听懂有关熟悉话题的陈述并参与讨论。能就日常生活的相关话题与他人交换信息并陈述自己的意见。能读懂相应水平的读物和报纸、杂志,克服生词障碍,理解大意。

(3)能根据阅读目的运用适当的阅读策略。能根据提示独立起草和修改小作文。

(4)能与他人合作,解决问题并报告结果,共同完成学习任务。能对自己的学习进行评价,总结学习方法。能利用多种教育资源进行学习。

(5)进一步增强对文化差异的理解与认识。

2.具体目标

(1)语言技能。

语言技能是语言运用能力的重要组成部分,主要包括听、说、读、写等方面的技能以及这些技能的综合运用。听和读是理解的技能,说和写是表达的技能。它们在语言学习和交际中相辅相成、相互促进。学生应通过大量的专项和综合性语言实践活动,形成综合语言运用能力,为真实语言交际打基础。因此,听、说、读、写既是学习的内容,又是学习的手段。

①听。能根据语调和重音理解说话者的意图。能听懂有关熟悉话题的谈话,并能从中提取信息和观点。能借助语境克服生词障碍、理解大意。能听懂接近自然语速的故事和叙述,理解故事的因果关系。能在听的过程中用适当方式做出反应。

②说。能就简单的话题提供信息,表达简单的观点和意见,参与讨论。能与他人沟通信息,合作完成任务。能在口头表达中进行适当的自我修正。能有效地询问信息和请求帮助。能根据话题进行情景对话。能用英语表演短剧。能在以上口语活动中做到语音、语调自然,语气恰当。

③读。能根据上下文和构词法推断、理解生词的含义。能理解段落中各句子之间的逻辑关系。能找出文章中的主题,理解故事的情节,预测故事情节的发展和可能的结局。能读懂相应水平的常见体裁的读物。能根据不同的阅读目的运用简单的阅读策略获取信

息。能利用词典等工具书进行阅读。课外阅读量应累计达到15万词以上。

④写。能根据写作要求,收集、准备素材。能独立起草短文、短信等,并在教师的指导下进行修改。能使用常见的连接词表示顺序和逻辑关系。能简单描述人物或事件。能根据图示或表格写出简单的段落或操作说明。

(2)语言知识。

初中生应该学习和掌握的英语语言基础知识包括语音、词汇、语法以及用于表达常见话题和功能的语言形式等。语言知识是语言运用能力的重要组成部分,是发展语言技能的重要基础。

①语音。了解语音在语言学习中的意义。在日常生活会话中做到语音、语调基本正确、自然、流畅。根据重音和语调的变化,理解和表达不同的意图和态度。根据读音规则和音标拼读单词。

②词汇。了解英语词汇包括单词、短语、习惯用语和固定搭配等形式。理解和领悟词语的基本音义以及在特定语境中的意义。运用词汇描述事物、行为和特征,说明概念等。学会使用1500~1600个单词和200~300个习惯用语或固定搭配。

③语法。理解附录中"语法项目表"中所列语法项目并能在特定语境中使用。了解常用语言形式的基本结构常用表意功能。在实际运用中体会和领悟语言形式的表意功能。理解并运用恰当的语言形式描述人和物,描述具体事件和具体行为的发生、发展过程,描述时间、地点及方位,比较人、物体及事物等。

④功能。在交往中恰当理解和运用初中生所应掌握的语言表达形式。

⑤话题。围绕初中生应掌握的话题,恰当理解与运用相关的语言表达形式。

(3)情感态度。

情感态度指兴趣、动机、自信、意志和合作精神等影响学生学习过程和学习效果的相关因素以及在学习过程中逐渐形成的祖国意识和国际视野。保持积极的学习态度是英语学习成功的关键。初中生逐渐将兴趣转化为稳定的学习动机,树立自信心,锻炼克服困难的意志,认识自己学习的优势与不足,乐于与他人合作,养成和谐和健康向上的品格。通过英语课程的学习,增强祖国意识,拓展国际视野。

①有明确的学习目的,能认识到学习英语的目的在于交流。

②有学习英语的愿望和兴趣,乐于参与各种英语实践活动。

③有学好英语的信心,敢于用英语进行表达。

④能在小组活动中积极与他人合作,相互帮助,共同完成学习任务。

⑤能体会英语学习中的乐趣,乐于接触英语歌曲、读物等。

⑥能在英语交流中注意并理解他人的情感。

⑦遇到问题时能主动请教,勇于克服困难。

⑧在生活中接触英语时,乐于探究其含义并尝试模仿。

⑨对祖国文化能有更深刻的了解,具有初步的国际理解意识。

(4)学习策略。

学习策略指学生为了有效地学习和使用英语而采取的各种行动和步骤以及指导这些行动和步骤的信念。英语学习策略包括认知策略、调控策略、交际策略和资源策略等。认知策略是指学生为了完成具体学习任务而采取的步骤和方法;调控策略是指学生对学习加以计划、实施、反思、评价和调整的行动和步骤;交际策略是学生为了争取更多的交际机会、维持交际以及提高交际效果而采取的行动;资源策略是学生合理并有效利用多种媒体进行学习和运用英语的方式和方法。

学习策略是灵活多样的,策略的使用因人、因时、因地、因事而异。在英语学习中,初中生应有意识地探索并形成适合自己的学习策略,并不断调整自己的学习策略,形成自主学习的能力,为终身可持续性学习奠定基础。

①认知策略:根据需要进行学习;在学习中集中注意力;在学习中善于记要点;在学习中善于利用图画等非语言信息理解主题;借助联想学习和记忆词语;对所学内容能主动复习并加以整理和归纳;在学习中积极思考,主动探究,善于发现语言的规律并能运用规律举一反三;在使用英语时,能意识到错误并进行适当的纠正;必要时,有效地借助母语知识理解英语;尝试阅读英语故事及其他英语课外读材。

②调控策略:明确自己学习英语的目标;明确自己的学习需要;制订切合实际的英语学习计划;把握学习内容的重点和难点;注意了解和反思自己学习英语中的进步与不足;积极探索适合自己的英语学习方法;经常与老师和同学交流学习体会;积极参与课内外英语学习活动。

③交际策略:在课内外学习活动中能够用英语与他人交流;善于抓住用英语交际的机会;在交际中,把注意力集中在意思的表达上;借助手势、表情等体态语进行交流;交际中遇到困难时,有效地寻求帮助;在交际中注意中外交际习俗的差异。

④资源策略:注意通过音像资料丰富自己的学习;使用简单的工具书查找信息;注意生活中和媒体上所使用的英语;能初步利用图书馆或网络上的学习资源。

(5)文化意识。

语言有丰富的文化内涵。在外语教学中,文化是指所学语言国家的历史地理、风土人情、传统习俗、生活方式、行为规范、文学艺术、价值观念等。在学习英语的过程中,接触和了解外国文化有益于对英语的理解和使用,有益于加深对中华民族优秀传统文化的认识与热爱,有益于接受属于全人类先进文化的熏陶,有益于培养国际意识。在学习英语的过程中,逐步扩展文化知识的内容和范围,对中外文化的异同要有粗略的了解,提高对中外文化异同的敏感性和鉴别能力,进而提高跨文化交际能力。

①了解英语交际中常用的体态语,如手势、表情等,恰当使用英语中的称谓语、问候语和告别语。

②了解、区别英语中不同性别常用的名字和亲昵的称呼。

③了解英语国家的饮食习俗。

④对别人的赞扬、请求、致歉等做出恰当反应。用恰当方式表达赞扬、请求等意义。

⑤初步了解英语国家的地理位置、气候特点、历史等。

⑥了解英语国家的人际交往习俗。

⑦了解世界上主要的文娱和体育活动。

⑧了解世界上主要的节假日及庆祝方式。

⑨关注中外文化异同,加深对中国文化的理解。

⑩能初步用英语介绍祖国的主要节日和典型的文化习俗。

(四)《物理课程标准》提出的初中生物理学习目标

初中生通过学习物理课程,保持对自然界的好奇,发展对科学的探索兴趣,在了解和认识自然的过程中有满足感及兴奋感;学习一定的物理基础知识,养成良好的思维习惯,在解决问题或作决定时能尝试运用科学原理和科学研究方法;经历基本的科学探究过程,具有初步的科学探究能力,乐于参与和科学技术有关的社会活动,在实践中有依靠自己的科学素养提高工作效率的意识;具有创新意识,能独立思考,勇于有根据地怀疑,养成尊重事实、大胆想像的科学态度和科学精神;关心科学发展前沿,具有可持续发展的意识,树立正确的科学观,有振兴中华、将科学服务于人类的使命感与责任感。

1.知识与技能

①初步认识物质的形态及变化、物质的属性及结构等内容,了解物体的尺度、新材料的应用等内容,初步认识资源利用与环境保

护的关系。

②初步认识机械运动、声和光、电和磁等自然界常见的运动和相互作用，了解这些知识在生活、生产中的应用。

③初步认识能量、能量的转化与转移、机械能、内能、电磁能以及能量守恒等内容。了解新能源的应用，初步认识能源利用与环境保护的关系。

④初步了解物理学及其相关技术产生的一些历史背景，能意识到科学发展历程的艰辛与曲折，知道物理学不仅指物理知识，而且还包含科学研究方法、科学态度和科学精神。

⑤具有初步的实验操作技能，会使用简单的实验仪器和测量工具，能测量一些基本的物理量。

⑥会记录实验数据，知道简单的数据处理方法，会写简单的实验报告，会用科学术语、简单图表等描述实验结果。

2.过程与方法

①经历观察物理现象的过程，能简单描述所观察物理现象的主要特征。有初步的观察能力。

②能在观察物理现象或物理学习过程中发现一些问题。有初步的提出问题的能力。

③通过参与科学探究活动，学习拟订简单的科学探究计划和实验方案，能利用不同渠道收集信息。有初步的信息收集能力。

④通过参与科学探究活动，初步认识科学研究方法的重要性，学习信息处理方法，有对信息的有效性作出判断的意识。有初步的信息处理能力。

⑤学习从物理现象和实验中归纳简单的科学规律，尝试应用已知的科学规律去解释某些具体问题。有初步的分析概括能力。

⑥能书面或口头表述自己的观点，初步具有评估和听取反馈意见的意识。有初步的信息交流能力。

3.情感态度与价值观

①能保持对自然界的好奇,初步领略自然现象中的美妙与和谐,对大自然有亲近、热爱、和谐相处的情感。

②具有对科学的求知欲,乐于探索自然现象和日常生活中的物理学道理,勇于探究日常用品或新器件中的物理学原理,有将科学技术应用于日常生活、社会实践的意识。乐于参与观察、实验、制作、调查等科学实践活动。

③在解决问题的过程中,有克服困难的信心和决心,能体验战胜困难、解决物理问题时的喜悦。

④养成实事求是、尊重自然规律的科学态度,不迷信权威,具有判断大众传媒是否符合科学规律的初步意识。

⑤有将自己的见解公开并与他人交流的愿望,认识交流与合作的重要性,有主动与他人合作的精神,敢于提出与别人不同的见解,也勇于放弃或修正自己的错误观点。

⑥初步认识科学及其相关技术对于社会发展、自然环境及人类生活的影响。有可持续发展的意识,能在个人力所能及的范围内对社会的可持续发展有所贡献。

⑦有将科学服务于人类的意识,有理想,有抱负,热爱祖国,有振兴中华的使命感与责任感。

(五)《化学课程标准》提出的初中生化学学习目标

初中生通过学习化学课程,提高科学素养,激发学习化学的兴趣,了解科学探究的基本过程和方法,培养自身科学探究能力,获得进一步学习和发展所需要的化学基础知识和基本技能;认识化学在促进社会发展和提高人类生活质量方面的重要作用,培养自身合作精神和社会责任感,培养民族自尊心、自信心和自豪感,能够学会学习、学会生存,更好地适应现代生活。

1.知识与技能

①认识身边一些常见物质的组成、性质及其在社会生产和生活中的初步应用,能用简单的化学语言予以描述。

②形成一些最基本的化学概念,初步认识物质的微观构成,了解化学变化的基本特征,初步认识物质的性质与用途之间的关系。

③了解化学与社会和技术的相互联系,并能以此分析有关的简单问题。

④初步形成基本的化学实验技能,初步学会设计并能完成一些简单的化学实验。

2.过程与方法

①认识科学探究的意义和基本过程,进行简单的探究活动,增进对科学探究的体验。

②初步学习运用观察、实验等方法获取信息,能用文字、图表和化学语言表述有关的信息,初步学习运用比较、分类、归纳、概括等方法对获取的信息进行加工。

③能用变化和联系的观点分析常见的化学现象,说明并解释一些简单的化学问题。

④能主动与他人进行交流和讨论,清楚地表达自己的观点,逐步形成良好的学习习惯和学习方法。

3.情感态度与价值观

①保持和增强对生活和自然界中化学现象的好奇心和探究欲望,发展学习化学的兴趣。

②初步建立科学的物质观,增进对"世界是物质的"、"物质是变化的"等辩证唯物主义观点的认识,逐步树立崇尚科学、反对迷信的观念。

③感受并赞赏化学对改善人类生活和促进社会发展的积极作用,关注与化学有关的某些社会问题,初步形成主动参与社会决策的意识。

④增强安全意识,逐步树立珍惜资源、爱护环境、合理使用化学物质的可持续发展观念。

⑤初步养成勤于思考、敢于质疑、严谨求实、乐于实践、善于合作、勇于创新等科学品质。

⑥增强热爱祖国的情感,树立为民族复兴和社会进步学习化学的志向。

(六)《思想品德课程标准》提出的初中生思想品德学习目标

初中生通过学习思想品德课程,构建社会主义核心价值体系,促进自身正确思想观念和良好道德品质的形成与发展,为使自己成为有理想、有道德、有文化、有纪律的合格公民奠定基础。

1.情感、态度、价值观

①感受生命的可贵,养成自尊自信、乐观向上、意志坚强的人生态度。

②体会生态环境与人类生存的关系,爱护环境,形成勤俭节约、珍惜资源的意识。

③养成孝敬父母、尊重他人、诚实守信、乐于助人、有责任心、追求公正的品质。

④形成热爱劳动、注重实践、崇尚科学、自主自立、敢于竞争、善于合作、勇于创新的个性品质。

⑤树立规则意识、法制观念,有公共精神,增强公民意识。

⑥热爱集体、热爱祖国、热爱人民、热爱社会主义,认同中华文化,继承革命传统,弘扬民族精神,有全球意识和国际视野,热爱和平。

2.能力

①学会调控自己的情绪,能够自我调适、自我控制。

②掌握爱护环境的基本方法,形成爱护环境的能力。

③逐步掌握交往与沟通的技能,学习参与社会公共生活的

方法。

④学习搜集、处理、运用信息的方法,提高媒介素养,能够积极适应信息化社会。

⑤学会面对复杂的社会生活和多样的价值观念,以正确的价值观为标准,作出正确的道德判断和选择。

⑥学习运用法律维护自己、他人、国家和社会的合法权益。

3.知识

①了解青少年身心发展的基本常识,掌握促进身心健康发展的途径与方法,理解个体成长与社会环境的关系。

②了解我与他人和集体关系的基本知识,认识处理我与他人和集体关系的基本社会规范与道德规范。

③理解人类生存与生态环境的相互依存关系,认识当今人类所面临的生态环境问题及其根源,掌握环境保护的基础知识。

④知道基本的法律知识,了解法律在个人、国家和社会生活中的基本作用和意义。

⑤知道我国的基本国情,初步了解当今世界发展的现状与趋势。

(七)《历史课程标准》提出的初中生历史学习目标

通过学习历史课程,初中生能够掌握中外历史的基本知识,初步掌握学习历史的基本方法和基本技能;对人类历史的延续与发展产生认知兴趣,感悟中华文明的历史价值和现实意义,养成爱国主义情感,开拓观察世界的视野,认识世界历史发展的总体趋势;初步形成正确的世界观、人生观和价值观,为成为拥有良好综合素质的合格公民奠定基础。

1.知识与能力

①知道重要的历史事件、历史人物及历史现象,知道人类文明的主要成果,初步掌握历史发展的基本线索。

②了解历史的时序,初步学会在具体的时空条件下对历史事物进行考察,从历史发展的进程中认识历史人物、历史事件的地位和作用。

③理解多种历史呈现方式,包括文献资料、图片、图表、实物、遗址、遗迹、影像、口述以及历史文学作品等,提高历史的阅读能力和观察能力,形成符合当时历史条件的一定的历史情境想象。

④初步学会从多种渠道获取历史信息,了解以历史材料为依据来解释历史的重要性;初步形成重证据的历史意识和处理历史信息的能力,逐步提高对历史的理解能力,初步学会分析和解决历史问题。

⑤学会用口头、书面等方式陈述历史,提高表达与交流的能力。

2.过程与方法

①通过多种途径感知历史,学会从当时的历史条件理解历史上的人和事,并经过分析、综合、概括、比较等思维过程,形成历史概念,进而认识历史发展的时代特征和历史发展的基本趋势。

②在学习历史的过程中,逐步学会运用时序与地域、原因与结果、动机与后果、延续与变迁、联系与综合等概念,对历史事实进行理解和判断。

③在了解历史事实的基础上,逐步学会发现问题、提出问题,初步理解历史问题的价值和意义,并尝试体验探究历史问题的过程,通过搜集资料、掌握证据和独立思考,初步学会对历史事物进行分析和评价,并在探究历史的过程中尝试反思历史,汲取历史的经验教训。

④逐步掌握学习历史的一些基本方法,包括计算历史年代的方法、阅读教科书及有关历史读物的方法、识别和运用历史地图和图表的方法、查找和收集历史信息的途径和方法、运用材料具体分析历史问题的方法等。

⑤初步掌握解释历史问题的方法,力求在表达自己的见解时能

够言而有据,推论得当;学会与教师、同学共同对历史问题进行探究与讨论,能够积极汲取他人的正确见解,善于与他人合作,交流学习心得和经验。

3.情感态度与价值观

①从历史的角度认识中国的具体国情,认同中华民族的优秀文化传统,尊重和热爱祖国的历史和文化;认识在漫长的历史进程中,我国各族人民密切交往、相互依存、休戚与共,形成了中华民族多元一体的格局,共同推动了国家发展和社会进步,增强民族自信心和自豪感。

②感悟近现代中国人民为救亡图存和实现中华民族伟大复兴而进行的英勇奋斗和艰苦探索,认识中国共产党在中国革命、建设和改革事业中的决定作用,树立中国特色社会主义理想信念;继承和弘扬以爱国主义为核心的民族精神,认识到国家统一、民族团结和社会稳定是中国强盛的重要保证,初步形成对国家、民族的认同感,增强历史责任感。

③了解人类社会历史发展的基本趋势及人类文化的多样性,理解和尊重世界各国、各民族的文化传统,学习汲取人类创造的优秀文明成果;认识和平与发展是当今时代的主题,逐步形成面向世界的视野和意识。

④认识人类历史上物质文明、精神文明发展的重要性,理解历史上的革命与改革在不同程度上促进了社会的进步,认识从专制到民主、由人治到法治是历史发展的必然趋势,不断发展社会主义民主与加强社会主义法制意识。

⑤认识科学技术的发展对人类历史进步的推动作用,逐步形成尊重科学、崇尚科学的意识,树立求真、求实和创新的科学态度;从历史的演变中认识合理开发和利用资源、生态环境保护的重要性,初步形成可持续发展的观念。

⑥认识人民群众创造历史的作用以及杰出人物在历史上的重

要贡献,吸取前人的经验和智慧,初步理解个人与群体、个人与社会的关系,提高对是与非、善与恶、美与丑的识别判断力,逐步确立积极进取的人生态度,形成健全的人格和健康的个性品质。

(八)《地理课程标准》提出的初中生地理学习目标

初中生通过学习地理课程,掌握基础的地理知识,获得基本的地理技能和方法,了解环境与发展问题,增强爱国主义情感,初步形成全球意识和可持续发展观念。

1.知识与技能

①掌握地球与地图的基础知识,能初步说明地形、气候等自然地理要素在地理环境形成中的作用以及对人类活动的影响;初步认识人口、经济和文化发展的区域差异。

②了解家乡、中国和世界的地理概貌,了解家乡与祖国、中国与世界的联系。

③了解人类所面临的人口、资源、环境和发展等重大问题,初步认识环境与人类活动的相互关系。

④掌握获取地理信息并利用文字、图像等形式表达地理信息的基本技能;掌握简单的地理观测、地理实验、地理调查等技能。

2.过程与方法

①通过各种途径感知身边的地理事物和现象,积累丰富的地理表象;初步学会根据收集到的地理信息,通过比较、分析、归纳等思维过程,形成地理概念,归纳地理特征,理解地理规律。

②运用已获得的地理基本概念和地理基本原理,对地理事物和现象进行分析,作出判断。

③具有创新意识和实践能力,善于发现地理问题,收集相关信息,运用有关知识和方法,提出解决问题的设想。

④运用适当的方式、方法,表达、交流学习地理的体会、想法和成果。

3.情感态度与价值观

①增强对地理事物和现象的好奇心,提高学习地理的兴趣以及对地理环境的审美情趣。

②关心家乡的环境与发展,关心我国的基本地理国情,增强热爱家乡、热爱祖国的情感。

③尊重世界不同国家的文化和传统,增强民族自尊心、自信心和自豪感,理解国际合作的意义,初步形成全球意识。

④初步形成尊重自然、与自然和谐相处、因地制宜的意识及可持续发展的观念,增强防范自然灾害、保护环境与资源和遵守相关法律法规的意识,养成关心和爱护地理环境的行为习惯。

(九)《生物课程标准》提出的初中生生物学习目标

通过生物学课程的学习,初中生获得生物学基本事实、概念、原理和规律等方面的基础知识,了解并关注这些知识在生活、生产和社会发展中的应用,初步具有生物学实验操作的基本技能、一定的科学探究和实践能力,养成科学思维的习惯,理解人与自然和谐发展的意义,提高环境保护意识。初步形成生物学基本观点、创新意识和科学态度,并为确立辩证唯物主义世界观奠定必要的基础。

1.知识

①获得有关生物体的结构层次、生命活动、生物与环境、生物多样性、生物进化以及生物技术等生物学基本事实、概念、原理和规律的基础知识。

②获得有关人体结构、功能以及卫生保健的知识,促进生理和心理的健康发展。

③知道生物科学和技术在生活、生产和社会发展中的应用及其可能产生的影响。

2.能力

①正确使用显微镜等生物学实验中常用的仪器和用具,具备一

定的实验操作能力。

②初步具有收集、鉴别和利用课内外的图文资料及其他信息的能力。

③初步学会生物科学探究的一般方法,发展学生提出问题、作出假设、制订计划、实施计划、得出结论、表达和交流的科学探究能力。在科学探究中发展合作能力、实践能力和创新能力。

④初步学会运用所学的生物学知识分析和解决某些生活、生产或社会实际问题。

3. 情感态度与价值观

①了解我国的生物资源状况和生物科学技术发展状况,形成爱祖国、爱家乡的情感,增强振兴祖国和改变祖国面貌的使命感与责任感。

②热爱自然,珍爱生命,理解人与自然和谐发展的意义,提高环境保护意识。

③乐于探索生命的奥秘,具有实事求是的科学态度、探索精神和创新意识。

④关注与生物学相关的社会问题,初步形成主动参与社会决策的意识。

⑤逐步养成良好的生活与卫生习惯,确立积极、健康的生活态度。

(十)《体育与健康课程标准》提出的初中生体育学习目标

初中生通过学习体育与健康课程,掌握体育与健康的基础知识、基本技能与方法,增强体能,学会学习和锻炼,发展体育与健康实践和创新能力,体验运动的乐趣和成功,养成体育锻炼的习惯,发展良好的心理品质、合作与交往能力,提高自觉维护健康的意识,基本形成健康的生活方式和积极进取、乐观开朗的人生态度。

1.总体目标

（1）运动参与。

运动参与是指学生参与体育学习和锻炼的态度及行为表现，是学生习得体育知识、技能和方法，锻炼身体和提高健康水平，形成积极的体育行为和乐观开朗人生态度的实践要求和重要途径。运动参与的目标：

①参与体育学习和锻炼；

②体验运动乐趣与成功。

（2）运动技能。

运动技能是指学生在体育学习和锻炼中完成运动动作的能力，它反映了体育与健康课程以身体练习为主要手段的基本特征，是课程学习的重要内容和实现其他学习方面目标的主要途径。运动技能的目标：

①学习体育运动知识；

②掌握运动技能和方法；

③增强安全意识和防范能力。

（3）身体健康。

身体健康是指人的体能良好、机能正常和精力充沛的状态，与体育锻炼、营养状况和行为习惯密切相关。身体健康的目标：

①掌握基本保健知识和方法；

②塑造良好体形和身体姿态；

③全面发展体能与健身能力；

④提高适应自然环境的能力。

（4）心理健康与社会适应。

心理健康与社会适应是指个体自我感觉良好以及与社会和谐相处的状态与过程，与体育学习和锻炼、身体健康密切相关。心理健康与社会适应的目标：

①培养坚强的意志品质；

②学会调控情绪的方法；

③形成合作意识与能力；

④具有良好的体育道德。

2.具体目标

（1）初步形成体育锻炼的习惯。自觉上好体育与健康课,经常参加课外体育锻炼。如有简单的体育锻炼计划,并付诸实施等。

（2）初步形成积极的体育态度。在体验运动乐趣的过程中初步形成积极的体育态度。如认识体育学习和锻炼的重要意义,对提高体育学习和锻炼的效果表达自己的观点,认真上好体育与健康课,积极参与课外体育锻炼等。

（3）简要分析现代体育与奥运会发展过程中所发生的一些重要事件与问题。如简要分析奥运会、兴奋剂、球场暴力等事件与问题。

（4）基本掌握科学锻炼身体的基本知识和方法。如基本掌握运动强度和密度、靶心率、心率测定和运动量控制等基本知识和方法。

（5）基本形成自主、合作和探究学习与锻炼的能力。如根据体育学习或锻炼要求以及实际情况设置个人学习目标,选择学习策略等。

（6）基本掌握并运用一些田径类运动项目的技术。如基本掌握并运用短跑、中长跑、定向越野、跨栏跑、接力跑、跳远、跳高、投实心球等项目的技术。

（7）基本掌握并运用一些球类运动项目的技术和简单战术。如基本掌握并运用篮球、排球、足球、羽毛球、乒乓球、网球、毽球、珍珠球和三门球等球类运动项目的技术和简单战术。

（8）基本掌握并运用一些体操类运动项目的技术。如基本掌握并运用器械体操、技巧、健美操、街舞、啦啦操、校园集体舞等运动项目的技术动作与组合动作。

（9）基本掌握并运用一些游泳或冰雪类运动项目的技术。如在基本掌握并运用蛙泳或滑冰、滑雪基本技术的基础上,学习并掌握其他泳姿或有一定难度的滑冰、滑雪技术等。

（10）基本掌握并运用一些武术类运动项目的1~2组技术动作组合。如基本掌握并运用9~10个动作组成的武术套路等。

（11）基本掌握并运用一些其他较复杂的民族民间传统体育活动项目的技术。如基本掌握并运用竹竿舞、花样跳绳、抖空竹、踢花毽等项目的基本技术。

（12）具有较强的安全运动能力。如比较全面地掌握安全运动、保护他人和自我保护的方法以及常见运动损伤的紧急处理方法；基本掌握溺水的应急处理方法等。

（13）在日常生活中具有安全行动的意识和能力。如在日常生活中走路、骑车以及特殊天气（如下雨、下雪、大雾等）条件下注意安全，懂得自然灾害（如地震等）或突发事件（如火灾等）发生时主动规避危险的知识和方法等。

（14）了解营养、睡眠、吸烟、饮酒等与健康的关系。如知道膳食平衡有利于促进健康，充足的睡眠有利于生长发育，不良生活方式有害健康；懂得食物中毒的常见原因；学会拒绝吸烟、酗酒的方法；了解毒品对个人、家庭和社会的危害，拒绝毒品等。

（15）基本掌握一些疾病的预防知识和方法。如知道乙型脑炎、肺结核、肝炎的预防方法，不歧视乙型肝炎患者和病毒携带者；了解艾滋病的基本知识及预防方法，不歧视艾滋病患者和病毒携带者；不滥用镇静、催眠等成瘾性药物。

（16）遵循青春期的身心变化规律，基本掌握保健知识和方法。如知道青春期心理发育的特点和变化规律，青春期常见生理问题的预防和处理方法；了解异性交往的原则，学会识别容易发生性侵害的危险因素，保护自己不受性侵害；预防网络成瘾等。

（17）在多种运动项目练习中提高灵敏性。如在球类运动中提高灵敏性等。

（18）在多种运动项目练习中提高速度水平。如在民族民间传统体育活动项目中提高速度水平等。

（19）在多种运动项目练习中提高力量水平。如在体操类运动中提高力量水平等。

（20）在多种运动项目练习中提高心肺耐力。如在田径类运动中提高心肺耐力等。

（21）积极应对各种困难，并果断作出决策。如在篮球比赛中，根据场上的形势变化果断作出决策行为等。

（22）分析体育学习和锻炼中遇到挫折和失败的原因，并保持稳定和积极的情绪。如正确认识挫折的原因，保持良好的心态等。

（23）在集体性体育活动中共同努力实现目标。如在比赛中为了集体的最终胜利，愿意为同伴创造更好的进攻时机等。

（24）在体育活动、比赛和日常生活中表现出良好的道德行为。如表现出公平、诚实、友爱、礼貌、尊重等行为。

（十一）《音乐课程标准》提出的初中生音乐学习目标

初中生通过音乐课程学习和参与丰富多样的艺术实践活动，探究、发现、领略音乐的艺术魅力，培养自身对音乐的持久兴趣，涵养美感，和谐身心，陶冶情操，健全人格。学习并掌握必要的音乐基础知识和基本技能，拓展文化视野，发展音乐听觉与欣赏能力、表现能力和创造能力，形成基本的音乐素养。丰富情感体验，培养良好的审美情趣和积极乐观的生活态度，促进身心的健康发展。

1.总体目标

（1）情感态度与价值观。

①丰富情感体验，培养对生活的积极乐观态度。音乐学习可以丰富自己的情感体验，使情感世界受到潜移默化的感染和熏陶，建立起对人类、对自然、对一切美好事物的关爱之情，进而养成对生活的积极乐观态度和对美好未来的向往与追求。

②培养音乐兴趣，树立终身学习的愿望。通过各种有效的途径

和方式走进音乐,在亲身参与音乐活动的过程中喜爱音乐,掌握音乐的基本知识和基本技能,逐步养成欣赏音乐的良好习惯,为终身喜爱音乐奠定基础。

③提高音乐审美能力,陶冶高尚情操。通过训练自己对音乐作品情绪、格调、人文内涵的感受和理解,培养音乐的欣赏能力,养成健康向上的审美情趣,在真善美的艺术世界里受到高尚情操的陶冶。

④培养爱国主义情感,增强集体主义精神。通过音乐作品中所表现的对祖国山河、人民、历史、文化和社会发展的赞美和歌颂,培养爱国主义情感;在音乐实践活动中,培养良好的行为习惯和宽容理解、互相尊重、共同合作的意识,增强集体主义精神。

⑤尊重艺术,理解世界文化的多样性。尊重艺术家的创造劳动,尊重艺术作品,养成良好的欣赏音乐艺术的习惯。通过系统地学习母语音乐文化和不同民族、不同国家、不同时代的作品,感知音乐中的民族风格和情感,了解不同民族的音乐传统,热爱中华民族音乐文化,学习世界其他民族的音乐,理解音乐文化的多样性。

(2)过程与方法。

①体验。完整而充分地聆听音乐作品,在音乐体验与感受中,享受音乐审美过程的愉悦,体验与理解音乐的感性特征与精神内涵。

②模仿。通过亲身参与演唱、演奏、编创等艺术实践活动,并适当地运用观察、比较和练习等方法进行模仿,积累感性经验,为音乐表现和创造能力的进一步发展奠定基础。

③探究。培养对音乐的好奇心和探究愿望,重视自主学习的探究过程,使自己能够积极参与以即兴式自由发挥为主要特点的探究与创作活动。

④合作。在音乐艺术的集体表演形式和实践过程中,能够与他人充分交流、密切合作,不断增强集体意识和协调能力。

⑤综合。通过以音乐为主线的艺术实践,渗透和运用其他艺术表现形式和相关学科的知识,更好地理解音乐的意义及其在人类艺术活动中的特殊表现形式和独特的价值。

(3)知识与技能。

①音乐基础知识。学习并掌握音乐基本要素(如力度、速度、音色、节奏、节拍、旋律、调式、和声等)、常见结构、体裁形式、风格流派和演唱、演奏、识谱、编创等基础知识。

②音乐基本技能。学习演唱、演奏、创作的初步技能,能够自信、自然、有表情地演唱歌曲和演奏课堂乐器,了解音乐创作的基本方法。在音乐听觉感知基础上识读乐谱,在音乐实践活动中运用乐谱。

③音乐历史与相关文化知识。了解中外音乐发展的简要历史和有代表性的音乐家,初步识别不同时代、不同民族的音乐。认识音乐与姊妹艺术的联系,感知不同艺术门类的主要表现手段和艺术形式特征。了解音乐与艺术之外其他学科的联系,扩展音乐文化视野。根据自己的生活经验和已学过的知识,认识音乐的社会功能,理解音乐与社会生活的关系。

2.具体目标

(1)探索自然界和生活中的各种音响,能够用不同方式模仿不同的声音。

(2)加深对人声、乐器声的了解和体验。能够说出各类人声和常见乐器的音色特点。

(3)能够在感知力度、速度、音色、节奏、节拍、旋律、调式、和声等音乐表现要素的过程中,根据自己的体验说出音乐要素的表现作用。

(4)感知音乐的结构,能够简单表述所听音乐不同段落的对比与变化。

(5)能够有意识地体验音乐所表达的各种情感,并能运用音乐术语进行描述。

(6)能够体验音乐情感的发展变化,并能简要描述或通过多种形式表现出来。

(7)聆听大合唱、组歌、室内乐、协奏曲、交响曲、歌剧、音乐剧、舞剧音乐及其他体裁的歌曲和乐曲,能够随着乐声哼唱音乐主题,并能运用适当的形式对所听音乐做出反应。

(8)通过欣赏音乐分辨不同的体裁与形式。聆听音乐主题并说出曲名和作者。

(9)结合所听音乐,了解音乐体裁与形式在音乐表现中的作用。

(10)聆听中国民族民间音乐,简单描述其不同的地域特点或民族风格,能够说出戏曲、曲艺的主要种类和代表人物。

(11)聆听世界部分国家的民族民间音乐,能够对其风格特点进行简单描述。

(12)聆听世界不同国家的优秀音乐作品,能够说出主要音乐流派的代表人物。

(13)能够主动地参与各种演唱活动,养成良好的唱歌习惯。

(14)能够自信地、有感情地演唱歌曲。在合唱中积累演唱经验,进一步感受合唱的艺术魅力。学习基本的指挥图示,能对指挥的起、止、表情等做出正确的反应。

(15)学习变声期嗓音保护的知识,懂得嗓音保护的方法。

(16)能够简单分析歌曲的特点与风格,表现歌曲的音乐情绪与意境。能够对自己、他人或集体的演唱作简单评价。

(17)每学年能够背唱歌曲2~4首(其中中国民歌1首),学唱京剧或地方戏曲唱腔1段。

(18)能够主动地参与各种演奏活动,养成良好的演奏习惯。

(19)能够选择某种乐器,运用适当的演奏方法表现乐曲的情绪,力求用优美的音色进行演奏。

(20)能够对自己、他人或集体的演奏作简单评价。

（21）每学年能够演奏乐曲2～3首。

（22）能够自信地、有表情地参与综合性艺术表演活动。

（23）能够结合所学的歌曲、乐曲创设简单的表演情境或做形体动作。

（24）学习表演简单的歌剧、音乐剧、京剧或其他戏曲、曲艺片段，并能对自己与他人表演做出评价。

（25）能够跟随琴声或录音视唱乐谱。

（26）具备识谱能力，能够比较顺畅地识读乐谱。

（27）能够运用人声、乐器声或其他声音材料表现一定的情境。

（28）能够对自己或他人的声音探索活动作出评价。

（29）能够即兴编唱生活短语或诗词短句。

（30）能够依据歌曲、乐曲的内容或情绪，进行即兴编创表演活动。

（31）能够利用教师或教材提供的材料和方法，独立地或与他人合作编创4～8小节的旋律短句或短曲，并能用乐谱记录下来。

（32）养成关注音乐的习惯，能够用实例说明音乐在社会生活中的作用。

（33）喜欢并能够从传播媒体或现场演出中聆听音乐，能够搜集和积累音乐信息，愿与同学交换所搜集到的音乐材料，交流音乐感受。

（34）乐于参加社区或乡村的音乐活动，并能作出自己的评价。

（35）通过艺术作品，能够简单比较听觉艺术与视觉艺术在表现材料和表现特点方面的相同与不同。

（36）能够结合所熟悉的影视片，表述对某些背景音乐或主题音乐的认识。

（37）能够运用综合艺术表现手段，与他人合作进行班级文艺活动的创意与设计。

（38）能够简单表述音乐对于情绪的影响，并能运用合适的音乐进行自我调节。

(39)理解声音艺术与语言艺术的关系,能够恰当地选用音乐,烘托诗词、散文的意境。

(40)加深对音乐作品的理解,说出中国和世界部分国家的代表性歌曲或乐曲及相关的风土人情。

(十二)《美术课程标准》提出的初中生美术学习目标

1.总体目标

学生以个人或集体合作的方式参与美术活动,激发创意,了解美术语言及其表达方式和方法、运用各种工具、媒材进行创作,表达情感与思想,改善环境与生活,学习美术欣赏评述的方法,提高审美能力,了解美术对文化生活和社会发展的独特作用。学生在美术学习过程中,丰富视觉、触觉和审美经验,获得对美术学习的持久兴趣,形成基本的美术素养。

(1)"造型·表现"学习领域。

①观察、认识与理解线条、形状、色彩、空间、明暗、肌理等基本造型元素,运用对称、均衡、重复、节奏、对比、变化、统一等形式原理进行造型活动,增进想象力和创新意识。

②通过对各种美术媒材、技巧和制作过程的探索及实验,发展艺术感知能力和造型表现能力。

③体验造型活动的乐趣,敢于创新与表现,产生对美术学习的持久兴趣。

(2)"设计·应用"学习领域。

①了解设计与工艺的知识、意义、特征与价值以及"物以致用"的设计思想,知道设计与工艺的基本程序,学会设计创意与工艺制作的基本方法,逐步发展关注身边事物、善于发现问题和解决问题的能力。

②感受各种材料的特性,根据意图选择媒材,合理使用工具和

制作方法,进行初步的设计和制作活动,体验设计、制作的过程,发展创新意识和创造能力。

③养成勤于观察、敏于发现、严于计划、善于借鉴、精于制作的行为习惯和耐心细致、团结合作的工作态度,增强以设计和工艺改善环境与生活的愿望。

(3)"欣赏·评述"学习领域。

①感受自然美,了解美术作品的题材、主题、形式、风格与流派,知道重要的美术家和美术作品,以及美术与生活、历史、文化的关系,初步形成审美判断能力。

②学会从多角度欣赏与认识美术作品,逐步提高视觉感受、理解与评述能力,初步掌握美术欣赏的基本方法,能够在文化情境中认识美术。

③提高对自然美、美术作品和美术现象的兴趣,形成健康的审美情趣,崇尚文明,珍视优秀的民族、民间美术与文化遗产,增强民族自豪感,养成尊重世界多元文化的态度。

(4)"综合·探索"学习领域

①了解美术各学习领域的联系,以及美术学科与其他学科的联系,逐步学会以议题为中心,将美术学科与其他学科融会贯通的方法,提高综合解决问题的能力。

②认识美术与自然、美术与生活、美术与文化、美术与科技之间的关系,进行探究性、综合性的美术活动,并以各种形式发表学习成果。

③开阔视野,拓展想象的空间,激发探索未知领域的欲望,体验探究的愉悦与成功感。

2.具体目标

(1)"造型·表现"学习领域。

①选择写实、变形和抽象等方式,运用造型元素和形式原理,开展造型表现活动,描绘事物,表达情感和思想。

②学习透视、色彩、构图、比例等知识,提高造型表现能力。

③学习速写、素描、色彩面、中国画和版画等表现方法,进行绘画练习。

④学习雕、刻、塑等方法,创作雕塑小品。

⑤学习漫画、动画的表现方法,并进行制作练习。

⑥选择计算机、照相机和摄像机等媒介,进行表现活动。

(2)"设计·应用"学习领域

①了解设计的主要门类和基础知识,运用对比与和谐、对称与均衡、节奏与韵律、多样与统一等形式原理以及各种材料和制作方法,进行创意设计和工艺制作,改善环境与生活,表达设计意图,评述他人的设计和工艺作品,形成初步的设计意识。

②欣赏优秀的设计作品,了解设计的主要门类及其主要特征,尝试用语言或文字从设计的角度进行评述。

③学习设计的形式原理与方法,进行多种形式的设计和制作练习。

④了解一些媒材的特性,用面材、线材、体材等,结合学校和当地生活,制作有主题或有用的工艺品。

⑤以团队合作的方式,选择某一主题(如校园或小区改造、学校或社区活动等),进行设计练习(写出规划方案、制作模型和绘制效果图等),共同完成作品,并进行展示。

⑥学习民族传统纹样,用连续纹样进行设计练习。

⑦利用参观、访问、市场调查或网络查找的方法,了解与研究民间传统工艺或现代工业设计,用摄影、绘画或文字记录的方式收集当地的设计资源,并对各种作品进行分析与评价。

(3)"欣赏·评述"学习领域。

①对不同时代和文化的美术作品,尝试运用描述、分析、解释、评价等美术欣赏方法进行学习和研究。

②通过查阅或搜集资料的方式,了解中外著名美术家及流派。

③通过观摩和讨论,分析设计作品的实用性与审美性。

④通过观摩录像或邀请当地工艺美术家、民间艺人,了解中国传统工艺的制作方式与特点。

⑤欣赏中外优秀的建筑作品,并结合当地的建筑与环境,进行评述,体会建筑、环境与人之间的关系。

⑥欣赏书法与篆刻作品,感受其特征。

⑦欣赏新媒体艺术作品,了解科技发展与美术创作的关系。

⑧对现实生活中发生的美术现象及相关图片报道,进行简单的解读、分析和评述。

⑨识别不同门类的美术作品,如中国画、水彩画、油画、版画、雕塑、动漫等。了解和认识美术与生活的关系及美术的文化价值,珍视和保护人类文化遗产。

⑩知道中国美术史中5位以上代表性美术家及其作品,外国美术史中2个以上的重要流派及其代表人物与作品。

(4)"综合·探索"学习领域。

①结合音乐、语文、外语、历史、社会等学科内容,创作插图、年表,或编写剧本,设计板报,制作道具,布置场景,并进行创造。

②结合数学、物理、化学、生物等学科内容,创作图表,根据科学原理,设计、制作作品,并进行展示,或装饰自己的家庭,美化校园环境。

③结合学校或社会的时事新闻,开展专题研究,用美术的方式表达研究成果,布置专题展览或举办研讨会。

④调查、了解美术与人类生存环境的关系,依据城镇或乡村的特征,考虑环保、居住、休闲、健身和景观等功能,设计社区未来发展规划图或制作模型,向社区展示,并接受公众的评估。

⑤运用各种信息技术,收集班级的各种信息,设计班级主页和学生个人网页,组成班级网,参与网络的交流。

⑥在生活中发现与美术相关的问题,与同学合作确定研究

课题。

⑦以美术知识结合其他学科以及在生活中所获得的知识,提出自己的研究方案。用图像、文字、声音等形式记录调查与思考的结果,对素材进行整理和分析。以个人或与集体合作的方式,进行创作与展示。

⑧以创作与展示等方式表达自己对美术与人类生存环境、美术与传统文化、美术与多元文化之间关系的认识和理解。

三、中考对初中生学习目标的要求

中考,全称为"初中学业考试和高中阶段学校招生考试"。中考是义务教育阶段的终结性考试,学业考试成绩既作为学生的毕业成绩,也是普通高中、五年制高职和中等职业学校等录取的主要依据。中考既要坚持考查基础知识、基本方法和基本技能,又要坚持考查学科能力。

因教育资源不平衡,中考成为竞争异常激烈的选拔性考试。中考决定着初中生能否进入满意的高中继续学习,是人生发展的第一个"分水岭"。取得良好的中考成绩是初中三年乃至9年义务教育的核心目标。但有些初中生从一开始就不了解中考,每天糊里糊涂地上学,然后糊里糊涂地参加中考,最后糊里糊涂初中毕业,这种糊涂的人生态度将危害个人的一生发展。对中考了解的更透彻一些,初中生每天上学的目的性会更强一些,学习效果会更好。

中考由各省市自主命题,全国各省中考政策不同,中考试卷、时间、科目、计分方法也不相同。现以安徽省、芜湖市、繁昌县2015年中考为例,来了解中考对初中生学习目标的要求。

1.安徽省2015年中考及高中阶段招生方案

安徽省教育厅于2015年4月9日公布了《2015年安徽省中考及高中阶段招生方案》。

　　方案规定,2015年全省中考和中招工作,全省统一命题、统一试卷、统一考试时间,各地组织考试、阅卷和招生。

　　(1)报名。

　　2015年中考报名工作由各市、县(区)教育局统一组织。应届毕业生由就读学校组织集体报名,历届生或同等学力者,到各市、县(区)规定的报名点报名。在安徽省的进城务工人员随迁子女根据本人意愿,可在流入地就读学校报名参加考试录取,也可回户籍所在地报名参加考试录取。在外省接受并完成义务教育的安徽省学生,自愿回安徽省报考升学的,回户籍所在地报名参加考试录取。市、县(区)教育行政部门应集中设立报名点,接受回户籍所在地参加考试的学生报名。

　　(2)考试。

　　①命题原则。

　　2015年中考命题兼顾初中毕业学业水平考试和高中阶段教育招生选拔性要求,依据各学科课程标准,在全面检查学生基础知识和基本技能的基础上,重视对学生运用所学知识分析、解决实际问题能力的考查,反映课程标准中对学生的知识与技能、过程与方法、情感态度与价值观三维目标的基本要求。各学科命题的具体原则和要求见《2015年安徽省初中毕业学业考试纲要》。

　　②考试科目与分值。

　　2015年安徽中考满分成绩为820分。其中:全省统一命题科目考试750分、体育考试60分、理科实验操作考试10分。

　　由省统一命题考试的科目为:思想品德、语文、数学、英语、历史、物理、化学。具体分值:语文150分,数学150分,英语150分(其中听力测试30分),思想品德与历史合卷共150分(思想品德80分、历史70分),物理与化学合卷共150分(物理90分、化学60分)。语文、英语、数学、物理与化学实行闭卷考试。思想品德与历史实行开卷考试,允许携带教科书等相关材料。语文考试允许使用正版《学生字典》。各学科考试均不允许使用计算器。

　　生物和地理学科学业结业考试由各市教育局统一组织,安排在八年级下学期课程结束时举行,成绩不计入中考总分。

　　初中毕业升学体育考试总分值为60分,其中日常锻炼分值为10分,体质健康水平统一测试分值为50分。计入学生中考的升学录取总分。

　　日常体育锻炼分值:由学校依据学生三年来(初一、初二、初三学年)参加体育课堂教学、日常健身锻炼活动和实施《国家学生体质健康标准》等情况予以评定,总分10分。具体分值为体育课堂教学占4分,日常健身锻炼活动占3分,实施《国家学生体质健康标准》占3分。具体办法由学校根据《2014年初中毕业升学体育考试"日常体育锻炼过程性评价"细则(试行)》执行。因残疾和伤病原因符合体育课免修条件的学生,经学校认定,给予记10分。

　　体质健康水平统一测试项目设置及具体分值:依据《国家学生体质健康标准》,2015年初中毕业升学体育统一考试即体质健康水平统一测试男、女生各设置三大类项目,具体内容如下:A、男生考试内容:第一类项目,1000米跑(必考);第二类项目,篮球运球或原地双手投掷实心球(选考一项);第三类项目,立定跳远或1分钟跳绳(选考一项)。B、女生考试内容:第一类项目,800米跑(必考);第二类项目,篮球运球或1分钟仰卧起坐(选考一项);第三类项目,立定跳远或1分钟跳绳(选考一项)。

　　体质健康水平统一测试中必考项目单项满分为18分,选考项目单项满分为16分。满分标准:男生1000米跑3分57秒、立定跳远2.33米、跳绳136次/分钟、实心球掷远9米、篮球运球14.3秒,女生800米跑3分47秒、立定跳远1.83米、跳绳129次/分钟、仰卧起坐42次/分钟、篮球运球17.7秒。

　　特殊考生的考试规定:凡肢残丧失运动能力的考生,或因伤病、在初中阶段已办理免予执行《国家学生体质健康标准》的考生,可申请免考。凡因身体健康原因不能参加中长跑项目考试的学生,可申请必考项目免考。因肢残(须有残疾证)丧失运动能力的考生,可申请免考,经审核批准同意后,其初中毕业升学体育统一考试即体质健康水平统一测试成绩按50分评定。因伤、病(须有县级以上医院的详细病历和诊断证明)长期免修体育课,但未丧失运动能力的考生,可申请免考,经审核批准同意后,其初中毕业升学体育统一考试即体质健康水平统一测试成绩按满分值的70%,即35分评定。对因体弱、伤病、心脏病或特异体质不宜参加中长跑的考生,可申请必考项目(男生1000米、女生800米)单项免考,经审核批准同意后,其必考项目成绩按满分值的60%,即11分评定。

理科实验操作考试10分,学生可在物理、化学、生物实验操作考试中随机选择一项内容进行。

初中学生毕业标准由初中学生学业考试成绩和综合素质评价两部分组成。

初中毕业学业考试成绩采用分数与等级相结合的方式呈现。语文、数学、英语、思想品德和历史、物理和化学五门考试成绩划分为A、B、C、D、E五个等级。等级比例按照A等级为20%,B等级为30%,C等级为35%,D等级约为12%,E等级不超过3%划定,得分率不低于60%的不得划为E等。等级4个D以上(含4个D)即可毕业;凡有两个及以上等级为E等,补考合格后方可毕业。

信息技术考试(在七年级进行)及地理、生物学业考试(在八年级进行)成绩划分为合格和不合格,得分60%及以上为合格,得分60%以下为不合格。

地理、生物学业考试成绩作为综合素质评价"学习态度与能力"维度的主要实证材料。理科实验操作考试、信息技术考试以及综合实践活动的考查成绩作为综合素质评价"实践与创新"维度的主要实证材料。体育考试成绩作为综合素质评价"运动与健康"维度的主要实证材料。音乐、美术考查成绩作为综合素质评价"审美与表现"维度的主要实证材料。

2015年安徽省统一命题科目的考试时间是:6月14日上午8:30—11:00语文、下午3:00—5:00物理和化学,6月15日上午8:30—10:30数学、下午3:00—5:00思想品德和历史,6月16日上午8:30—10:30英语。

③考试成绩的呈现方式及运用。

坚持综合评价、择优录取的原则,将初中毕业学业考试成绩和综合素质评价结果作为普通高中招生的主要依据,切实改变将分数简单相加作为高中招生唯一标准的做法,积极实行以学业考试成绩等级呈现结果作为高中录取依据。

(3)中考政策性加分规定。

中考政策性加分对象和标准如下:归侨、归侨子女、华侨在国内的子女、港澳同胞考生,在其中考成绩基础上增加10分投档;前款规定以外的侨眷及港澳同胞、外籍华人的眷属,在其中考成绩基础上增加5分投档。台湾籍考生、烈士子女考生、援疆和援藏人员子女在其中考成绩基础上增加10分投档。少数民族考生在其中考成绩基础上增加5分投档。援疆和援藏人员须符合下列条件:须为省、市、县委组织部及县级以上政府或政府部门选派,须在新疆维吾尔自治区和西藏自治区执行援疆援藏任务,援疆援藏时间在一年以上(含一年),符合条件的往年及现在的援疆援藏人员,其子女均可享受此加分政策。在驻国家确定的三类(含三类)以上艰苦边远地区和西藏自治区、解放军总部划定的二类(含二类)以上岛屿部队工作的军人的子女以及在飞行、潜艇、航天、涉核等高风险、高危害岗位工作的军人的子女、烈士子女在其中考成绩基础上增加20分投档,作战部队军人的子女和在驻国家确定的一类、二类艰苦边远地区以及解放军总部划定的三类岛屿部队工作的军人的子女以及因公牺牲军人的子女、一至四级残疾军人的子女、平时荣获二等功或战时荣获三等功以上奖励的军人的子女在其中考成绩基础上增加10分投档,荣立三等功以上奖励的军人的子女、被大军区以上单位表彰的军人的子女和在执行抗洪抢险等急难险重任务中受到省委、省政府、省军区以上表彰的军人的子女在其中考成绩基础上增加5分投档,军人子女在其中考成绩基础上增加3分投档。"军人"均指现役军人。军人子女享受优惠加分投档待遇,只能享受一次优待,不累计计算。符合享受中考优惠加分投档条件的军人子女,由军人所在部队师以上政治机关出具学生父母工作单位、岗位职务、岗位性质及立功等级证明等材料,报芜湖军分区政治机关汇总核定后于规定时间转报市、县教育局,由市、县教育局提请中考中招工作领导小组研究决定。

考生录取时,对于符合以上照顾条件的应届初中毕业生,经审查确认,给予加分照顾。符合多项照顾条件的,不予叠加,以其最高项的照顾分,计入升学总成绩。

凡符合规定照顾加分的,学校应将考生姓名、加分依据及加分分数按规定公示。

除上述加分政策外,其他政策性加分项目已一律取消。

2.芜湖市2015年中考招生有关规定

市区省示范高中、市示范高中、一般普通高中和综合高中学校面向市区招生;四县省示范高中、市示范高中、一般普通高中和综合高中学校面向本县招生;省示范高中自主招生计划可面向全市招生。

五年制高职、中等职业学校(含普通中专、职业学校、技工学校、成人中专)面向全市招生。

安徽中加学校面向全市招生。

民办高中面向全市招生。经市教育局和生源所在市教育行政部门同意,民办普通高中可招收外地考生。

市七中宏志班可根据规定面向全市招收寄宿学生。

芜湖市(含四县)实行将省示范高中学校招生计划80%的名额

切块分配到初中学校(含民办初中)的政策。市区省级示范高中切块分配指标根据各初中学校切块分配指标测算基数和当年初中学业考试总分、规范办学等因素进行测算。各初中学校切块分配指标测算基数的依据是:①学校在籍在校满三年的初中应届毕业生数(新划入市区不足三年的学校为学校的在籍在校的应届初中毕业生数);②地理、生物学业考试成绩和信息技术考试成绩合格的学生数。

3.繁昌县2015年中考招生录取有关规定

①录取总原则:坚持公平、公正、公开和德智体全面衡量择优录取的原则。

②普通高中录取原则:依据考生志愿,以学业考试成绩及等级和综合素质评价等级作为录取的主要依据。录取一般普高的考生,必须具备综合素质评价结果4个C及以上等级的条件。

③五年制高职、中等职业学校录取原则:对思想品德考核和身体健康状况检查合格的考生,根据其成绩和填报志愿从高分到低分择优录取。

④民办高中招生录取工作必须在市、县教育局统一规划和管理下进行。招生计划下达、报名、投档录取等工作均与公办学校相同,民办普通高中可在公办普通高中控制线下浮一定分数,设定录取控制分数线。

⑤凡已被普通中等艺术、体育学校录取的考生,其他学校不再录取。

⑥各批次招生学校不得自行录取本市无档案考生;同城范围内(含县域内)严禁借读。

四、初中生的总体学习目标

初中三年,是中学的初级阶段,是九年义务教育的最后3个年头。初中生年龄一般为12—15岁,正值青春期的开始,是人的生理、心理发展的关键期,是人一生发展的奠基阶段。学好每一门课程,德智体美劳全面发展,是初中生三年的总体学习目标。

1.学好每一门课程

初中三年开设的语文、数学、英语、思想品德、物理、化学、历史、地理、生物、体育、音乐、美术等课程,是人类社会发展至今积淀的文化精髓和知识瑰宝,是人一生发展的智力支持和精神支撑。这些课程都是根据《中华人民共和国义务教育法》和国家教育部《义务教育各学科课程标准(2011版)》精心设置的。任何一门课程没有学好,都是一生中的重大缺憾。

学好每一门课程是最具体有效的学习目标。初中课本都是根据《义务教育课程标准》的要求由专家精心编撰的,涵盖古今中外的文化精髓,是人类文明成果的积淀,吃透了课本,就是就好了初中各门课程。

初中三年时光一掠而过,初中生应珍惜时光,明确目标,认真学好每一门课程,否则,不但浪费了自己的青春年华,错过了宝贵的学习时机,为一生发展留下隐患,而且,枉费国家教育资源的精心配置。

2.德智体美劳全面发展

学好初中的每一门课程,你便自然而然地成为一名德智体美劳全面发展的人。思想品德课程,直接引导你学会做一名品德高尚的人。语文、英语、历史课程中,处处闪耀着古今中外人类真善美的人性光辉。数学、物理、化学、地理、生物等学科都是科学的要素之一,都指引着你步入智慧的殿堂。体育课程的开设,不仅仅是让你在体育课上得到运动和锻炼,更重要的是教会你体育知识,让你养成每天坚持体育锻炼的良好习惯。美术、音乐等课程培养你的艺术修养、审美能力。初中的每一门课程都闪烁着科学之美、真理之美、心灵之美。劳动是实践和创造的具体过程,学习过程就是劳动过程。

一切创新都先从学习开始,然后到模仿,最后再到创造。只要你咬定目标不放松,认真学好每一门课程,你会自然而然成为一名德智体美劳全面发展的人。

3.吃透课本与全面发展的关系

吃透了课本,学好每一门课程,将促进你成为一名德智体美劳全面发展的人。

同时,德智体美劳全面发展,也有利于你学好每一门课程。

品德高尚的人,利他友爱,受人欢迎,能够拥有和谐快乐的人际关系,有利于专心学习。智慧聪颖的人,无疑具备学习的优势。健康的体魄是学习的支撑。气质美、行为美、心灵美的人,是最有魅力的人,使你具备更好地搞好学习的环境和素质。热爱劳动,勇于实践、敢于创新的人,在学习上会有更大的创造力和优势。

初中三年,你只有不偏科,不放弃,勤奋自强,始终以吃透课本、学好每一门课程为目标,并坚持德智体美劳全面发展,你必将度过充实、快乐、美好的三年初中时光。

五、初中生强化目标力的策略

1.将总体目标张贴上墙

你不妨将"学好每一门课程,德智体美劳全面发展"制成标语,打印出来,张贴在你房间的醒目位置,时刻提醒和激励自己不忘目标,为目标而努力奋斗。

2.在日记中定期提醒自己

你可以将"强化目标力"设置为星期六日记的主题。在每个星期六的日记上,你专门就"强化目标力"这一主题,反思这段时间目标力是否强大,反思自己这段时间是否盯着总体目标在努力奋斗,反思自己是否偏离目标,并提出对策。要在日记中提醒自己始终紧盯目标,自强不息。

3.化总体目标为各阶段具体目标

学好每一门课程,德智体美劳全面发展,是你初中阶段的总体目标。为了实现这个总体目标,你应该根据现阶段的实际情况,将总体目标分解为各个阶段的具体目标。比如为了提高体育成绩,你从现在就开始,每天坚持练习跑1000米,争取三个月后成绩达到4分钟以内。再比如,为了学好英语,你每天清晨开始背中考英语词汇,一个月内完成第一轮的背诵目标。具体目标可操作性强,容易实现,能够激励自己,使自己很有自信心和成就感。随着一个个具体目标的实现,你离总体目标就会越来越近,最终会实现你的总体目标。

4.化目标为具体的行动

没有行动的目标,是空想;没有目标的行动,是盲动。只有将目标转化为一个个具体的行动,你的目标才会一步一步得到实现。学好每一门课程,德智体美劳全面发展,这样宏大的目标,没有每天的积极进取和勤奋努力,是不可能实现的。你只有认真听好每一节课,做好预习和复习,认真完成各门功课的作业,坚持锻炼,热爱生活,珍惜每一天的时间,勤勤恳恳学习,踏踏实实进取,用一个个富有成效的行动,去成就自己的目标和梦想。

第四章 初中生学习的技术力校正

一、"七个本子"技术

从初中起,每一名初中生应该拥有七个本子:日记本、笔记本、错题本、口袋本、数理化超越学习记录本、政史地生考点自编题集、诵读记录本。拥有"七个本子"后,并能运用得炉火纯青,你必将成为一名优秀的初中生,并为今后的学习,奠定坚实的基础。

(一)日记本

很多伟人、名人都有日记本,都爱写日记。

写日记的好处在于:

一是记录功能。记录每天精彩片段,记录每天的重大事件,记录每天值得记忆的有意义的事件。

二是反省功能。反省每天的过失之处,反省自己有待提高的地方,反省自己的弱点。

三是计划功能。计划明天的活动,规划自己的未来,树立自己的理想,建立新的目标。

四是抒情渲泄功能。这个世界上,自己最了解自己,有很多隐私无法对他人倾诉,日记则是最好的心灵之友。在日记里,你可以抒发自己各种情怀,大胆控诉你对这个世界的任何不满,渲泄自己失落与失意的心境,大胆释放内心的喜怒哀乐。

五是写作功能。在日记本中,你可以写人写景写物,日记本可以成为你的书稿和文稿。

六是历史研究功能。你的日记,多年之后,甚至可以成为后人研究历史的史料。日记的真实性、具体性、生动性、延续性,使得很多名人日记成为极为珍贵的文物史料。

每个人的日记记录了他的人生,是他所处时代的缩影,折射了当时社会的百态万象。

天天写日记,无形中会锻炼你的文笔和写作能力,直接有益于你作文能力的提升。天天坚持写日记,也是对人生的意志品质的锻炼,坚持就是胜利。

当我们十年后翻开自己尘封久远的日记,过去的点点滴滴又鲜活地跃然纸上,那种感慨、喜悦、收获是弥足珍贵的。日记将引领你的人生,迈向更高更远更美的境界。

（二）笔记本

初中生上课务必记笔记,为此,你需要准备各个学科的专门的笔记本。你最好准备那种活页的笔记本,这样你不用每天背许多本笔记本上学,只要携带多张活页纸即可。上课时,专心听讲,勤做笔记,放学回家后,整理笔记,若记满一页纸后,将它插入相应学科的笔记本里。笔记技术将在后面的听课技术里详细介绍,此处不再赘述。

（三）错题本

学习中,做对一道题的收获,远远没有做错一道题的收获大。前提是:你得拥有一本错题本。

当你在作业本上或在试卷上做错了一道题,你一定要尽一切努力,将这道题弄懂为止。并将这道错题抄录到《错题本》上,《错题本》是你备考复习必看的内容。

在《错题本》上抄录错题的步骤:

一是将错题的题目直接抄录在错题本上。

二是将你的错解原封不动地抄在错题本上。

三是将正确的解题过程抄录在后面。

四是正误对照,分析错因,将错因一一列在错题本上。

五是分析该题考查的所有知识点,并一一列出。

六是归纳该题正解的思路。

有这六个步骤,错题将成为你腾飞的翅膀。你做错了一道题目,但收获了这道题所有的知识点,以及正确的解题思路。这种思路很容易迁移到你日后解题过程中,不断提高你的学习成绩。

(四)数理化超越学习记录本

所谓超越学习,是指提前自学。对于数理化的超越学习,需要准备一本厚笔记本,用标签将这本厚笔本隔成三个部分,分别用来记录对数学、物理、化学的提前自学时所涉及的例题、课后练习或习题的运算过程。

比如你于2016年3月2日上午8:00—8:30进行了数学超越学习,则你应在《数理化超越学习记录本》上的数学记录部分记上"2016.3.2-8:00—8:30",然后再将自学时所涉及的课本上的例题、练习或习题的解答全过程,仔细认真地写在《数理化超越学习记录本》上。记住:所有的例题、练习或习题前,一定要标注该题所在课本的页码和题号。

《数理化超越学习记录本》,是你超越学习的历史记录,只要你坚持使用《数理化超越学习记录本》一个月,你便会收获巨大的成就感。因为在这个记录本上,清清楚楚地记载了你的超越学习的全过程,记载了你的勤奋、踏实、严谨和细致。一定要保存好所有用完了的《数理化超越学习记录本》,这是你最珍贵的财富,因为它既会激励你继续前行,更会成为你激励他人的强大武器。

(五)政史地生考点自编题集

为学好政史地生四门课程,初中生需要准备一本厚笔记本,用标签将这本厚笔本隔成四个部分,分别用来抄录政治、历史、地理、生物的自编考题,从而形成《政史地生考点自编题集》。

《政史地生考点自编题集》是初中生在预习、复习政治、历史、地理、生物过程中,将课本的知识点转化为考点后,再将考点设计成具体的考题,最后工整细致地将考题抄录到《政史地生考点自编集》上,以方便日后的记忆、备考。

(六)诵读记录本

《诵读记录本》用于记录对各门课程背诵朗读的日期、时间、课程的章节、页码范围等细节,使平时零散的背诵能够具备系统性和连续性,同时也能激励和督促自己坚持不懈地进行各门课程的诵读。

准备一本厚度适中的笔记本,用标签将这本厚笔本按5:5:2:2:2:2:1:1:1隔成九个部分,分别用来记录对语文、英语、政治、历史、地理、生物、数学、物理、化学这九门课程的背诵朗读情况。

比如你于2016年5月2日上午6:00—6:30诵读了初一下册语文第6课,那么,你应在《诵读记录本》上的语文记录部分记录本次诵读的时间:"2016.5.2-6:00—6:30"。然后,将所背诵的课文的具体位置记录在时间的后面,如:"初一下-6-P51—54"(假设第6课的页码为第51页至54页)。其他课程,依此类推。

(七)口袋本

口袋本,顾名思义就是"放在口袋里的小本子"。在口袋本上,你可以记录数学、物理公式,化学方程式,语文上的生字词,英语单词,政史地生的名词解释等,也可以把当天老师布置的作业记录在上面,以防止晚上回家漏写作业。

口袋本首先要小,要方便放在口袋里,便于随身携带。

生活中有很多点滴的时间,如乘坐公交、轮船、飞机之时,排队等候之时,吃饭喝茶散步之时,等等,在这些活动的同时,你可以迅速掏出口袋本,温习和强记口袋本上记录的知识点。口袋本是最佳的见缝插针式的学习工具。每天多利用五分钟的零碎时间,一年就多利用了30个小时的时间。而且,这种零星式的背诵记忆的效果,比长时段背诵记忆的效果要更好。

口袋本最好是活页的,这样你可以插入、调整、删减页面。有利于积少成多,将零碎的知识系统化、规模化。

有了口袋本,你可以随时随地切换进入学习模式。有了口袋本,你的学习时间和空间得以大大拓展。口袋本将助你成为高效率的学子。

二、注意力集中技术

注意力集中是提高学习效率的先决条件,是搞好学习的必备要素。有些初中生学习成绩差,正是因为学习时注意力不够集中。

注意力是指人的心理活动指向和集中于某种事物的能力。注意力是智力的五个基本因素之一,是记忆力、观察力、想象力、思维力的准备状态,所以,注意力是人们心灵的门户。人们只有注意某件事物,才会集中精力去清晰地感知该事物,才能深入地思考它,而不被其他事物所干扰。没有注意力的集中,人们的各种智力因素,如观察、记忆、想象和思维等,将得不到支持而失去控制。所以,集中注意力是搞好学习的前提。

提升初中生学习的注意力,有如下技术。

(一)朗读学习法

有的同学在预习、复习时,看书看着看着就走神了,甚至打瞌睡,注意力无法集中。使用朗读学习法,可以解决这一问题。

朗读学习法,就是将你的学习内容逐字逐字地朗读出来。这时,你的注意力会自然而然地集中起来。因为朗读的时候,你的大脑功能全方位地调动起来。平时我们看书,只有视觉神经在工作,当我们朗读时,眼睛、耳朵、嘴全部参与,视觉、听觉、运动神经联合工作,注意力空前提升。

(二)划线学习法

我们在看书、写作业、考试的时候,有时候容易走神,而划线学习法能够大大提升你的注意力。

划线学习法,就是在你看书、读题、做题的时候,用笔同时在你阅读的文字下面作下划线,看到哪里,就划到哪里,逐字逐字地划线阅读。最好使用自动铅笔作下划线。

考试的时候,如果你因为紧张而注意力无法集中时,请使用划线学习法吧! 在阅读考题时,同时在考题的每个字下面作下划线,这样,你的注意力很快被拉到考题上。

我在40岁的时候,用了10个月的时间,以零基础通过了国家二级心理咨询师的考试,就是使用了"划线学习法"。你想想,我这么大年龄,工作上的事、家庭上的事、学习上的事纷纷袭来,注意力确实很难集中。但我采用了"划线学习法",成功地集中了自己的注意力,学习效率一点出不比任何年轻人差。我所有读过的书,都被我划得面目全非,但这正是我集中注意力读书的明证。

书是用来学习的,不是用来观赏的,划线学习法确实使你的书本很不美观,但是,划线学习所得到的知识,却牢牢地扎根在你的心里,何乐而不为呢?

（三）"30、50"定时学习法

人的注意力是有时间限度的,超过一定的时间限度,会产生注意疲劳,注意力逐渐下降。因此,初中生在学习的时候,不要打疲劳战、耗时战,而应将学习时间片段化。

"30、50"定时学习法,是指我们每次背诵的时间不要超过30分钟,每次阅读的时间不要超过50分钟。当我们背诵了30分钟之后,或是当我们阅读了50分钟之后,都应当休息5至10分钟。这样循环安排时间,人的注意力才能持续集中。若背诵超过30分钟或阅读超过50分钟之后,不安排任何休息,继续背诵或阅读,则注意力集中度急剧下降,学习成效很差,得不偿失。

（四）动学交替学习法

学习的目的是为了人生的幸福,学习是人一生的事业。可令人痛心的是,很多初中生学得太狠,学得太认真,学得不科学,结果学成了书呆子,眼睛高度近视,体弱多病,在考场上是英雄,在运动场上是绵羊。只有张弛有度地学习,才能带来人生的幸福,否则,学习会成为人生的灾难。动学交替学习法,将使你踏上科学健康的学习道路。

动,即运动。在学习的过程中,不能忘记运动,不能不锻炼身体,因为强健体魄是从事现在和未来一切事业的基础。同时,运动的时候,不能将学习抛弃,不能忘记了学习,因为运动是为了更高效地学习。学习和运动是人生的两条腿,缺一不可。

初中生在学习的时候,每天都要合理安排时间锻炼身体,每天要坚持跑1000米。同时,将学习时间片段化,每看书学习50分钟后,便休息5至10分钟,在这休息的时间内,可以积极运动起来,如做做筋骨操、打打乒乓球、拍拍篮球、踢踢足球等,或者利用学习间隙的时间,做做俯卧撑、仰卧起坐、高抬腿、跳绳等运动。学习和运动交替进行,学习的注意力会持续集中。

三、记忆技术

从某种程度而言,考试就是考记忆能力。即使如数理化这样的学科,也需要对知识点的记忆,在记忆的基础上进行逻辑思维、运算与运用。记忆技术是学习的核心技术。

记忆就是同遗忘作斗争。无论是英语,还是历史等学科的知识点,当我们背诵一遍之后,如果不及时复习和再记忆,则会很快遗忘。打败遗忘的唯一方式就是重复记忆、循环记忆。

对于初中生学习而言,循环记忆是最好的学习武器。对于任一学科,你都要安排时间,对学过的知识点进行定期循环记忆。

(一)英语循环记忆技术

英语需要记忆的内容包括英语词汇、课文、语法、笔记、听力等。

1.每天"刷牙式"三层次诵读法

每天清晨坚持诵读英语30分钟。半小时的诵读内容分为三个层次。

第一层次:在学单元跟踪诵读。即诵读老师正在上的那个单元,诵读内容包括本单元的英语单词、核心课文和知识点。第一层次诵读只读一个单元。

第二层次:本册课本循环读。若第一层次诵读结束后,半小时没用完,这时,你可以进行第二层次诵读。首先诵读老师未上的单元,这是预习式诵读,诵读内容包括单元的单词和核心课文,只读一遍。当读完本册的最后一个单元,你可以自豪地宣布:预习诵读任务圆满结束,这时,你要返回本学期课本的第一单元,开始复习式诵读,诵读内容为该单元的英语单词、核心课文和知识点。第二层次诵读只读一个单元。

第三层次:以往课本逆循环读。若第一、二层次诵读任务完成后,半小时仍没用完,这时,你可以进行第三层次诵读,即诵读以往的课本。如果你这学期为初二上学期,则第三层次诵读的内容依次是初一下学期英语课本、初一上学期英语课本。以往课本逆循环读的具体内容同上,每单元只读一遍,单元数不限,依次循环诵读。第三层次诵读贯穿于你的整个中学生涯。

所谓"刷牙式",即把晨读英语当做每天刷牙一样,形成生活习惯和规律,如果哪天不读的话,要像那天没有刷牙一样难受。

2.英语单词的"英汉互现三步骤"诵读记忆法

对每个英语单词的诵读记忆,你需要以下三个步骤:一是只看这个英语单词的英语字母部分,不看这个英语单词的音标、词性、汉语解释部分,你能够将这个英语单词的音标读音、汉语解释部分背诵复述一遍;二是只看这个英语单词的汉字解释部分,不看这个英语单词的英语字母拼写部分和音标、词性部分,你能够将这个单词的英语字母拼写部分、音标、词性背诵复述一遍;三是你不看这个单词,将这个单词拼写、音标、汉语解释背诵复述一遍。这三个环节,无论哪个环节受阻,你都要对照单词认真诵读后,继续完成受阻环节,直到这三个环节顺畅完成为止,然后你才可以进行下一个英语单词的诵读记忆。

3.英语课文的"逐句理解"串联背诵法

初中英语课本的每个单元都有2~3篇核心短文需要背诵,背诵课文是学好英语的必备环节。背诵英语课文,是真正领悟和理解英语的最佳方法。能完整背诵一篇英语课文,你便加深了对这篇课文中出现的英语单词和短语、句型等语法知识点的理解掌握,并能打造出你优良的英语语感。要想熟练地背诵一篇英语课文,你首先要充分掌握和理解这篇课文中出现的单词短语、句型、语法等。其次,你逐句逐句地复述背诵,对每句英语都要理解其汉语意义,只有理解了,才能够记忆牢固和长久。背诵完一句后,你再背诵下一句。

每次背诵完一句后,都要将这句英语与刚刚背完的上个英语句子,连在一起背诵一遍,要能领悟每两句英语之间的逻辑关联性,直到将整篇课文能够完整地连在一起背诵熟练为止。

4.睡前英语听力的循环记忆法

汉语比英语难学得多,但为什么我们能够很容易地学会呢?原因是:语言环境。我们学英语,最缺乏的就是英语环境。因此,我们必须要创造英语环境。对于听力环境,我们只有自我创造。每天睡觉时,当你躺在床上的那一时刻,你要知道,这是打造英语听力环境的最佳时机:你务必准备一台英语磁带复读机,在你上床睡觉的同时,打开复读机,播放英语课文磁带,你权当是睡前的催眠曲吧。如果你有午休的习惯,也将英语磁带播放出来,要循环播放学过的英语课文磁带,每次听一面磁带。你不必专注地听,只要放松、随意地听。若能长期坚持,你会发现你的英语语感越来越好。

(二)语文循环记忆技术

语文需要记忆的内容包括生字词、文学常识、名句名篇、古诗文的翻译和背诵、汉语语法、笔记等。

1.每天"刷牙式"三层次诵读法

第一层次:在学课文跟踪诵读——诵读老师正在上的那篇课文,课文的标题、正文、注释、课后练习部分的"读一读,写一写"词语和你自己做的笔记,全部诵读一遍。第一层次只诵读一课。

第二层次:本册课本顺循环读。若第一层次诵读结束后,半小时没用完,这时,你可以启动第二层次诵读。首先诵读老师未上的课文,这是预习式诵读,诵读内容包括课文的标题、正文、注释、课后练习部分的"读一读,写一写"词语,只读一遍。当读完本册的最后一课,你可以自豪地宣布:预习诵读任务圆满结束,这时,你要返回本学期课本的第一课,开始复习式诵读。复习式诵读内容包括课文的标题、正文、注释、笔记、课后练习部分的"读一读,写一写"词语,每课只读一遍,依次循环诵读本学期课本,直至学期结束。当第二轮诵读与第一轮诵读的课文重叠时,则跳过第一轮诵读的课文,读下一篇课文。第二层次诵读只读一课。

第三层次:过往课本逆循环读。若半小时内完成对第一、二层次两篇课文的诵读,仍有剩余时间,这时,你可以启动第三层次诵读。如果你这学期为初二上学期,则第三层次诵读的内容依次是初一下学期语文课本、初一上学期语文课本,甚至包括小学语文课本。过往课本逆循环读的具体内容包括课文的标题、正文、注释、笔记、课后练习部分的生字词表,每课只读一遍,课数不限,依次循环诵读。第三层次诵读贯穿你整个中学生涯。

2.文学常识、语文基础知识、语法、名句名篇等的背诵技术

对于课本上出现的知识点,可通过每天"刷牙式"的半小时诵读进行循环记忆。而对于课本中没有出现过的文学常识、语文基础知识和名句名篇等,你可以将这些知识点,平均抄录在重点课文的页边空白处,也通过每天"刷牙式"式的半小时诵读进行循环记忆。

对于所有的零星知识点,你最好的记忆方法就是"复述法"。在你读过这个知识点后,你不看这个知识点,将此知识点复述一遍即可过关,若复述受阻,你将此知识点再读一遍,再复述,直至过关为止。

3.语文课文"逐句复述归纳"背诵法

所谓"逐句",就是以每句话为单位进行背诵。

所谓"复述",就是熟练诵读多遍后,直到不用看书,就能够将背诵部分的文字一字不差地重复叙述一遍。

初中阶段需要背诵的现代文和古诗文,中考大纲和课后练习中一般都会明确标注。首次背诵时,需要抽出专门时间,对需要背诵的现代文或古诗文进行逐句复述强记,要理解每句话的核心意义,领悟句与句之间的逻辑关系,采用复述的方式,背诵完一句后,你再背诵下一句,每次背诵完一句后,再将前面背过的句子连起来背诵一遍,直到能够将整篇课文完整地连在一起背诵熟练为止。对于古诗文,在背诵之前,务必将古诗文的每个字、词、句子,翻译成现代文,然后再用"逐句复述归纳"法背诵。

经过首轮背诵后,日后在每天半小时"刷牙式"三层次诵读过程中,当读到要求背诵的课文时,同步再背诵一遍。这样循环往复,逐渐形对该背诵文字的牢固记忆。

(三)政史地生循环记忆技术

政治、历史、地理和生物,属于强记性的学科,更强调记忆技术,既强调考前的突击背诵,也强调平时的巩固背诵。

1.平时的巩固背诵

政史地生这四门课,平时每周每门学科要抽一小时,进行巩固背诵,背诵内容是你自编的《政史地生考点自编题集》。建议安排在星期一到星期六每日晚餐后的半小时,以及星期日晚餐后的一小时进行背诵。背诵的方法,建议采用最简单实用的"逐句复述"背诵法。

2.考前的突击背诵

对于政史地生这样的文科,若想取得好的考试成绩,考前突击背诵是必不可少的。不同类型的考试,有不同的考前突击背诵策略和时间安排。对于单元测验这样的小考,在考前一星期内进行突击背诵。对于期中考试,应在考前两个星期内进行突击背诵。对于期末考试,应在考前三个星期内进行突击背诵。对于中考,至少应提前一个月进行突击背诵。突击背诵期间,每天至少抽一小时去突击背诵该学科。背诵内容仍然是《政史地生考点自编题集》。背诵时,以句为单位,采用复述背诵法,背会每句后,再根据各句之间的逻辑关系,将所有的句子连在一起复述背诵,直到能将考题的答案完整地熟练复述为止。

（四）数理化循环记忆技术

数学、物理、化学是理科，考试一般不会直接考知识点的背诵，但是，数理化中的定理、公式等知识要点，都会通过试题进行考核。若对数理化中的定理、公式等知识点不熟悉，甚至将它们遗忘，那么考试中往往非常被动。因此，对数理化的定理、公式等知识点进行循环记忆，是非常必要的。通过数理化循环记忆，不仅加深了对该定理、公式等知识要点的理解和记忆，还有利于对数理化所有知识点进行融会贯通地掌握。

数理化循环记忆，每月诵读一次，每次诵读半小时，建议安排在每月最后一个星期的星期六的19:00—20:30，数理化每门课安排半小时诵读记忆。只要求诵读时能够理解该定理、公式等知识点即可，不需要一字不差的复述背诵。

四、预习技术

学习的捷径是提前预习。各门功课均须如此。

预习分为两个层次。第一层次：寒暑假提前自学预习；第二层次：课前预习。两个层次预习，缺一不可。

预习技术，也可以称之为"超越学习"技术。首先，预习使你超越了老师的教学进度。其次，预习后的良好效果，使你的学习成绩明显提升，预习使你超越自我。最后，预习使你在超越自我的同时，实际上也使你超越了他人。

（一）寒暑假提前自学预习技术

每个寒暑假到来前，你要准备好下学期的所有课本和教材的同步辅导书。再买来笔记本，命名为某某学科《超越学习记录本》。

期末考试后，你放松几天。然后，立即开始自学预习。

每门课程每天至少安排30分钟的自学预习时间。

1.寒暑假数学、物理、化学的提前自学预习程序

第一步,对前三天预习时作过下划线的文字,逐字诵读一遍。

第二步,在对课本新内容预习前,在新内容所在课本起始处的页边空白上,标注今天的日期,以便日后预习时循环诵读划线重点。

第三步,采取"朗读学习法",对预习的章节,进行逐字逐句地朗读预习。

第四步,对重要知识点画下划线,比如,当你读到定义、公式、定理、要点归纳等重要知识点时,要对这些重要知识点作下划线。

第五步,对刚刚作了下划线的知识点进行复述和理解消化。

第六步,读到例题时,先自行尝试解答例题,自行解答完成后,将你的解答过程和结果,与课本例题的解答过程与结果进行对照,若两者完全一致,那我必须为你鼓掌,因为你是位学习的天才!你已经通过自主预习,掌握了该例题所考查的知识点。若两者不一致,或你根本不会解答这道例题,那也没有关系,你只要细细研读该例题的解答过程,直到弄懂它为止。这样,你因学会了解答这道例题,你已经收获到重大的进步与成就感,这便是你预习的意义所在。自行解答例题后,你务必要将这道例题解答的全过程,原封不动地抄录到《超越学习记录本》上,不用抄例题的题目,只要注明此例题在课本的页码和序号即可。最后,对这个例题进行逐字朗读一遍。

第七步,在《超越学习记录本》上认真完成课后练习题及总复习题,不用抄题目,只要注明日期、课本页码和题目序号即可。

第八步,校对答案,并在课本上将错题序号用红笔圈注。查看教材的同步辅导书上的参考答案,并订正你的错题。

第九步,对于预习中看不懂的疑难知识点,要及时寻求帮助,或者,用铅笔在疑难点处划圈,并旁注问号"?",以备上课时,格外专注地听老师讲解。

2.寒暑假语文的提前自学预习程序

第一步,逐字逐句朗读课文,包括所有的注释、课后习题。

第二步,在《超越学习记录本》上认真完成课后习题,不用抄题目,只要标清你做题的日期、该题所在课本的页码和题目序号即可。

第三步,校对答案,并在课本上将错题序号用红笔圈注。查看教材的同步辅导书上的参考答案,并订正你的错误答案。

第四步,你今天自学预习的课文,将作为明天"第一层次"诵读课文,因为你在自学预习中已经诵读了这篇课文,所以,第二天晨读语文时,你直接诵读这篇课本对应的教材的同步辅导书的全部篇幅。

第五步,对于预习中看不懂的疑难知识点,要及时寻求帮助,或者,用铅笔在疑难点处划圈,并旁注问号"?",以备上课时,格外专注地听老师讲解。

3.寒暑假英语的提前自学预习程序

初中英语课本以单元为学习单位,我们的寒暑假提前自学预习,便逐个单元进行。除了准备课本和教材的同步辅导书外,你还要准备好课本的同步磁带和复读机。同时,你必须要学会英语音标。如果不会,赶紧补学英语音标。

第一步,预习单元的英语单词。将课本单词表中对应单元的英语单词,逐一攻克。首先,通过每个英语单词后面的音标,准确读熟单词的英语发音。其次,强记这个英语单词的汉语意义。最后,强记这个英语单词的拼写规则。当你用一张扑克牌或橡皮,先后分别遮盖这个单词的英语和汉语部分,你能够根据英语说出汉语的意义,再根据汉语的意义拼读出这个英语单词,这意味着你已经完成了对这一单词的预习任务,你就可以进行对下一个单词的预习了。当这个单元的所有单词,你都能够英汉互译后,你就完成了预习的第一步操作。

第二步,对照教材的同步辅导书,逐字逐句朗读和同步口译该单元出现的所有英语词句,包括题目和题干。遇到不认识的英语单词,查阅英语词典,并摘录到课本所在的页边空白处。摘录内容包括:该生单词,音标,词性及相应汉语意思,构成的常用短语及汉语意义,相应例句。若遇到听力练习部分,你要打开复读机,努力完成听力训练,并对照教材的同步辅导书的参考答案,直到全部听懂为止。

第三步,你所预习的单元,将成为每天半小时英语晨读时"第一层次"的诵读内容。

第四步,认真诵读教材的同步辅导书,并自主完成教材的同步辅导书的单元自测习题,再对照书后的参考答案,订正错题。

第五步,对于预习中看不懂的疑难知识点,要及时寻求帮助,或者,用铅笔在疑难点处划圈,并旁注问号"?",以备上课时,格外专注地听老师讲解。

4.寒暑假政史地生的提前自学预习程序

政(思想品德)、史(历史)、地(地理)、生(生物)往往不被同学们重视,其实寒暑假预习十分重要,因为开学后,你根本没有时间再预习政史地生。而且,政史地生需要背诵的知识点多,经过寒暑假预习后,为日后背诵知识点打下系统化的知识基础。

除了准备课本和教材的同步辅导书外,你还要准备政史地生《要点背诵手册》。

第一步,每天诵读政史地生课本各半小时,用铅笔将你认为重要的知识点或可能会成为考点的部分,画下划线。

第二步,在《超越学习记录本》上认真完成课后习题,不用抄题目,只要标清你做题的日期、该题所在课本的页码和题目序号即可。

第三步,校对答案。查看教材的同步辅导书上的参考答案,并订正你的错误答案。

第四步,政史地生课本诵读完成后,你接着诵读政史地生教材的同步辅导书,用铅笔将你认为重要的知识点或可能会成为考点的部分,作下划线。同时,完成教材的同步辅导书上的同步练习,自行校订答案。

第五步,在你每天安排的背诵政史地生的时间内,背诵政史地生《要点背诵手册》。

第六步,对于预习中看不懂的疑难知识点,要及时寻求帮助,或者,用铅笔在疑难点处划圈,并旁注问号"?",以备上课时,格外专注地听老师讲解。

对于寒暑假的自学预习,需要很大的毅力去坚持。但只要想到我们现在的努力,必将化为下学期的优异成绩,没有什么能让我们动摇的,不是吗?

(二)课前预习技术

课前预习,是指在老师上课讲解新课前,学生自己在课前提前将新课内容自学一遍。课前预习使你上课听讲的时候,有准备、有信心、有成就感。下面的《数学课前预习记录表》示例,能帮助你摸索到课前预习的规律、技巧。

表4-1　某同学数学课前预习记录表

日期	今天老师授课进度记录	今天课前预习进度记录
2016年3月1日	P36-38	P39-42页
2016年3月2日	P39-41	P43-46页
2016年3月3日	P42-44	P47-50页
2016年3月4日	P45-47	P51-54页
2016年3月5日	P48-50	P55-58页
2016年3月6日	P51-53	P59-62页
2016年3月7日	P54-56	P63-66页
2016年3月8日	P57-59	
2016年3月9日	P60-62	P67-70页
2016年3月10日	P63-65	P71-74页

为顺利进行课前预习,最好在每节课下课前,将《课前预习记录表》的"今天老师授课进度记录"栏填写好,虽然会花费你一点时间,但为你控制课前提前预习进度提供了宝贵的依据。

晚上在家晚自习的时候,你相应预习第二天即将要上的内容。并将你课前预习进度记录在"今天课前预习进度记录"栏中。

若能坚持填写《课前预习记录表》,你会惊喜地发现几大好处:一是你能掌握到老师授课的进度规律,二是你能很有把握地控制你每天预习的大致进度,三是你将收获成就感,你能感受到每天的进度都在你的控制之下,你能感受到自己每天都在进步。

课前预习时间,一般安排在晚自习作业之后,你根据第二天的课程表和老师授课进度,有针对性地预习第二天老师可能要讲授的课本内容。课前预习的进度,一般以领先老师授课进度5页,但不要超过老师授课内容10页为宜。

如果你没有进行寒暑假提前自学预习,那么你的课前预习的程序,与前面所提的"寒暑假提前自学预习"程序相同。此处不再赘述。

如果你已经进行了寒暑假提前自学预习,则按以下程序进行课前预习。

1.数学、物理、化学课前预习程序

第一步,逐字逐句朗读课本中有下划线的文字,读完每一个下划线的知识点,都要复述一遍,并对此知识点进行再理解与再消化。

第二步,读到例题时,先自行尝试解答例题,再细细研读课本例题的解答过程。

第三步,对于寒暑假自学预习中课本后的错题,即曾用红笔圈注过的课后练习题,你要在《超越学习记录本》再做一遍,不用抄题目,只要标清你做题的日期、该题所在课本的页码和题目序号即可。

第四步,校对答案。对照教材的同步辅导书中的参考答案,细细研读参考答案上的解题过程。

第五步,对于课前预习中遇到的疑惑知识点,用铅笔圈出,上课时要特别关注老师对此知识点的讲解。

2.政史地生课前预习程序

查看课程表,若明天有政史地生课,当天晚上逐字逐句朗读课本,要略超老师的进度。

3.语文、英语课前预习程序

若寒暑假已提前自学预习了语文和英语,则不必课前预习。

对于语文课,如果老师第二天可能上新课文,你有必要将教材的同步辅导书的课本解析部分,朗读一遍即可。

对于英语课,如果老师第二天可能上新单元,你有必要将教材的同步辅导书上的单元注释细细诵读一遍即可。

五、听课技术

对于成绩差的同学,他最大的问题,往往就是听课效果差,成绩差其实只是表面现象,根源在于听课不力。有些课堂效率极高的同学,即使平时不预习复习,他的成绩仍然优异,因为他具有课堂效益最大化的把控能力。以下方法将有助你提高听课质量,实现"课堂45分钟"效益最大化。

(一)为每一节课准备好最佳的身心状态

健康的身体、充沛的体力、饱满的精神、求知若渴的心态,是确保高质量课堂的必备要素。

生命在于运动,初中生每天都要坚持体育锻炼。每天放学后,坚持在学校的操场上跑上几圈,是非常有益的。爱运动的人,思维会更敏捷,反应速度会更快。长期不运动,身体的免疫能力会大大降低,很容易患病。人是毕生发展的,健康的体魄是人一生发展的基础,身体是革命的本钱。"好好学习,天天运动",应成为每一名学生的人生信条。

科学安排生活作息,每天保证8小时睡眠,不打疲劳战。初中生正处青春期,充足的睡眠有利于身体全面健康发育,我们不能竭泽而渔,更不能拔苗助长。打疲劳战、开夜车的学习方式,是非常不科学的,直接的恶果是影响第二天的听课效果,而第二天的课堂知识,又将是后续知识的基础。如果打疲劳战,你将最终陷入恶性循环,得不偿失。

家长要为孩子准备好健康营养的一日三餐,学生本人要树立科学健康的饮食习惯,不挑食,不贪食,远离垃圾食品。

课间10分钟,除了与同学们娱乐放松之外,切记要解决好生理问题,不能因下课玩得太疯,忘记上厕所,结果上课出现尴尬事件。

上课铃一响,要立即回到座位上,静下心来,取出课本、笔记本、笔、草稿纸等一切上课物品,满心期待地等候老师的到来,让身体的每一个毛孔都进入专注的听课状态。

(二)预习是听课的最好准备

很多同学没有提前预习的习惯,其中不乏成绩优异的同学,但是,如果预习了再听课,学习的成效一定会更好。

同一内容,你预习后再听课,等于学习了两遍。

经过预习,你知道课堂会讲哪些内容,心中有数,课堂上很有自信。

预习过后,你知道本节课的难点和疑惑点,上课时,你会有的放矢,分外用心。

经过预习后,你明显感受到听课效果良好,你内心会有一种巨大的成就感。

预习是听课的最好准备。

得预习者,得课堂;得课堂者,得天下。

(三)课堂笔记是听课的质量保证与重要成果

课堂笔记是老师授课的缩影和固化。上课做笔记,能极大地提高听课质量,既有助于你集中听课注意力,更有助于你提高课堂反应力和主观能动性,极大地锻炼和开发你大脑的敏锐性。

有的同学上课从不做笔记,也有的同学整节课都在做记笔,连抬头都没有时间,这都是错误的。

各个学科的每一堂课,我们都要记课堂笔记。你首先要准备好各门课程的课堂笔记本,最好买活页的那种笔记本,以便于课后对笔记进行整理和增删。

在课堂上,需要做笔记的时候有:

一是老师在黑板上板书的重要内容。

二是老师特别提醒需要做笔记的内容。

三是你在预习时遇到的难点和疑惑点,经过老师讲授后,你觉得需要记录的知识要点。

四是你没有听懂的知识点,记录下来,以便课中或课后求教老师或同学。

除此之外,听课时,能不做笔记,尽量不做笔记,全神贯注听讲是根本。

切忌不要在老师讲下一知识点的时候,你仍在记录上一知识点,注意力要紧跟老师的节奏和进度。对于课堂上来不及记录的笔记内容,或没有听清听懂的笔记内容,先搁置一边,课后抄同学笔记,或直接向老师求助,以及时补记完整,并消化吸收。

课堂笔记是你课后复习乃至日后备考的重要资料。

(四)专心听讲,打败"走神"

听课时容易"走神",上课注意力不集中,思想开小差,是学习成绩差的重要原因。初中生学习校正的核心,在于校正上课"走神"。

以下四种类型的"走神",在初中生中比较常见。

1."逃避痛苦型"走神

追求快乐与躲避危害,是人的本能。学生对于不喜欢的课,或不喜欢的老师,或成绩差的课程,听课时往往会"走神",这是人潜意识中自我保护功能的发挥所致。对于不喜欢的老师或课程,听课时没有任何快乐可言,再加上因成绩差而备受伤害,上课对差生而言,是件痛苦的事,于是,"走神"成为学生躲避痛苦与伤害的权宜之计。就像我们平时看电视调台一样,当调到讨厌的节目时,我们立即本能地迅速切台,直到切换到自己喜欢的频道。听课时的走神也是这个道理。这种"逃避痛苦型走神"是由潜意识自动完成的,学生本人难以自我察觉。很多同学委屈地说:"我真得很想集中注意力听课,但不知道怎么了,听着听着,就走神了。""逃避痛苦型"走神后的注意力对象,往往是一些随机性的快乐事件。

对于容易产生"逃避痛苦型"走神的同学,应当自己告诫自己,听课虽然不快乐,但不听课的后果,将会产生更大的痛苦,要在内心反复强化"走神"的灾难性严重后果,有意识地多加反复训练,直到上课一出现"走神",内心会"咯咚"一下,同步产生了警示性的危机感和焦虑感,逼迫自己重新跟上老师的讲课进度和思路。

2."快乐冲击型"走神

上网成瘾的同学,上课极易"走神",这是典型的"快乐冲击型"走神。网络世界的快乐,已经远远超越听课所能带来的快乐,人的潜意识中"追求快乐"的本能,产生巨大的"拉力",将网络成瘾的学生的注意力,从听课中拉到网络游戏的快乐想像之中。寒暑假结束后,刚开学的那几天,很多同学上课时容易走神,也是因为"快乐冲击"所致。周末玩得太疯的同学,周一上课时,也容易走神,根本原因正是"快乐冲击"。有的同学因家里遇到特大的喜庆事件,也会产生"快乐冲击"型走神。

对于因"快乐冲击"而走神的同学,根本的办法是尽量远离这些

"冲击性的快乐"。上网成瘾、早恋、痴迷不健康的书籍等,都会成为分散上课时注意力集中的祸首,初中生应当果断坚决远离于此。家长也应当注意为孩子创造一个无扰的学习空间,不要心血来潮,节假日期间带孩子参加太多和太刺激太新奇的娱乐活动,使孩子产生"快乐冲击"型走神。对于无法避免的"冲击性"的快乐,学生应当在课前自我消解冲击,平息内心激动。因为对一名初中生而言,学习所带来的快乐,是最高层次的快乐,其他活动所带来的快乐,应服务、服从于学习。

3."危机应激型"走神

当家庭遭受重大变故、或突遭重大打击的同学,听课时很难集中注意力,极易走神,这属于"危机应激型"走神。例如:一位成绩原本优秀的学生,因父母突然闹离婚而上课走神,成绩会突然下降;也有的学生因早恋后失恋,深受打击,而无法专心听课;当身边重要亲人突然离世而万分痛苦的同学,听课效率会一落千丈。

如果有学生产生"危机应激型"走神,家长、老师和同学应当及时干预,通过安慰和开导,让学生尽快走出痛苦、平复伤口。学生本人也应当勇敢面对这些打击或伤痛,通过写日记、找人倾诉、自我调节等方法,坚强面对一切挑战,以学业为重,确保上课专心听讲。

4."弥散习惯型"走神

患有多动症或有多动特质的学生,上课时很难集中注意力。这类同学,不仅上课时注意力难以集中,他们在任何环境从事任何活动时,都会漫不经心,注意力很难集中,"走神"成为一种行为习惯,具有弥散性。"弥散习惯型"走神很难校正,除非该同学能够重塑自我,能矫正其弥散性的多动行为习惯。

对于"弥散习惯型"走神的同学,要进行外部干预,同桌的同学可以伸出援助之手,一旦发现同桌的同学在走神,要善意提醒。老师要特别关注这种走神类型的同学,通过优先请这位容易走神的同学回答问题,或通过特别提醒,让这位习惯走神的同学,渐渐养成专注听课的习惯。对于特别容易走神的同学,可以运用"厌恶疗法",例如,将一根橡皮筋套在自己的手腕上,每当发现自己走神,就立即拉开橡皮筋,重重地弹在自己的手腕皮肤上,产生使自己痛苦的刺痛,久而久之,这位同学将产生对"走神"的厌恶感,从而打败走神,开始专注听课。与此同时,对于容易走神的同学,如果某节课他改正了走神的习惯,老师和家长应当给予适当表扬和奖励,使这位同学享受到战胜"走神"的成就感,为日后根除"走神",提供了"阳性"强化。

"走神"是听课的死敌,打败"走神",我们别无选择。

上课容易走神的同学,首先要重构自我意象,在自我的内心深处,重塑出"我是一名学习认真的好学生"的自我意象。始终提醒自己,作为一名好学生,上课是不可能"走神"的。其次,听课重于泰山,得听课者得天下。初中三年总共也只有3000多节课,每一节课都是初中知识不可或缺的组成部分,热爱知识,珍惜时间,从听好每一节课做起。最后,每天坚持预习,课前精心准备,课堂认真听讲,上课勤做笔记,课后认真复习,是确保高质量听课成效的必备要素。

(五)听完每节课的善后工作

当下课铃响起,老师宣布"下课"时,你有必要完成以下听课的善后工作。

一是填写《某某课老师授课进度表》,将这张表格粘在课本的扉页上。

二是补充课堂笔记。若课堂中,有笔记没来得及记下的,借同学的笔记补记完整。

三是若有未听懂的问题,下课立即请教老师或同学,弄懂为止。

六、复习技术

复习是学习不可或缺的环节。忽略复习环节,你的学习成效将大打折扣。

根据不同的时段和目的,复习可分为三类:课后复习、考前复习、新学期开学复习。

课后复习,是指每天课后温习巩固老师当天在课堂上所讲授的知识点。

考前复习,是指为迎接某次考试,在考试前系统复习巩固考试所涉及的知识点。

新学期开学复习,是指在新学期开学前夕,系统温习巩固上学期乃至以往各个学期所学过的知识点。

(一)课后复习

课后复习的作用在于对课堂45分钟授课内容的消化吸收和巩固强化。

课后复习的时间,一般安排在当天晚上。

课后复习的内容,就是当天白天老师在课堂上讲解的知识点。

不少同学没有复习的习惯,晚上学习的第一件事,便是做家庭作业,这是不科学的。应先进行课后复习,再完成家庭作业。

1.数学、物理、化学课后复习程序

第一步,逐字逐句朗读当天课堂笔记。对笔记上的要点或考点,作下划线,然后复述一遍,并确保理解和消化之。

第二步,根据《数学(理化)课老师授课进度表》,逐字逐句朗读课本所涉及的划线文字,然后复述划线部分的知识点,并确保理解和消化之。

第三步,检查你对预习中曾标注过问号"?"的难点或疑惑点,经

过老师课堂讲解后,你是否已经理解、消化和吸收。若仍不理解,你可以求助家长、老师或同学,也可以求助计算机网络,进行系统、深入地学习和了解此知识点,直到理解消化为止。

2.政治、历史、地理、生物课后复习程序

政史地生课后复习有两大核心任务:一是将当天老师授课的重要知识点整理转化为考点题库,二是背诵强记当天的知识点和考点题库。具体程序如下:

第一步,逐字逐句朗读当天课堂笔记。对笔记上的要点或考点,作下划线,再复述一遍,并要求理解和消化。

第二步,将本节课所涉及的课本、教辅上的下划线文字诵读一遍,再复述此知识点,并理解和消化之。

第三步,检查你对预习中标注过问号"?"的难点或疑惑点,经过老师课堂讲解后,你是否已经理解、消化和吸收。若仍不理解,你可以求助家长、老师、同学或网络。

第四步,将知识点转化为考点,将当天课堂知识点考题化,并抄入《政史地生考点自编题集》。你可以参照《要点背诵手册》、课后习题和教材的同步辅导书上的习题,对课本、笔记本、教辅上划线部分的知识点进行整理和筛选,按填空题、简答题和论述题三大类型,将其中的重点知识点改编为考题。知识点转化为考题时,尽量一一对应,不要一点多题,以免增加背诵负担。对于地理、生物、历史课本的重要的图,你可以尝试自己画在《政史地生考点自编题集》上,也可以复印后,把复印的图粘贴在《政史地生考点自编题集》上。

第五步,对当天新编入《政史地生考点自编题集》的考题,进行突击记忆,达到能脱稿背诵的程度为止。

3.语文、英语课后复习程序

第一步,逐字逐句朗读当天课堂笔记。对笔记上的要点或考点,作下划线,再复述一遍,并要求理解和消化。

第二步,自习语文、英语教材的同步辅导书当天课堂涉及的相应内容。对重点知识点作下划线,并复述之,理解之,消化之。

(二)考前复习

考前复习会使你有两大收获:一是通过考前复习,你对考试所涉及的知识点进行了一次系统化学习、记忆、总结和提高;二是通过考前复习,你的考试成绩将大幅提升。

1.数学、物理、化学考前复习程序

第一步,确定考试范围,再根据考试范围,确定你的复习任务,并制定你的考前复习计划,确保你能在考试前,从容完成你的复习任务。

第二步,逐字逐句朗读考试所涉及的课本、课堂笔记中有下划线的知识点一遍。

第三步,复习错题难题。快速浏览你的《错题本》,将每一道错题快速重做一遍,确保能够做对,并能清晰掌握其解题思路。

2.政史地生考前复习程序

第一步,确定考试范围,再根据考试范围,确定你的复习任务,并制定你的考前复习计划,确保你能在考试前,从容完成你的复习任务。

第二步,逐字逐句朗读考试涉及的课本中的下划线文字一遍,逐字逐字朗读课堂笔记一遍。

第三步,背诵《政史地生考点自编题集》。将考试范围内的所有自编题集,全部背诵强记。

第四步,复习错题难题。快速浏览你的《错题本》,将每一道错题快速重做一遍,确保能够做对,并能清晰掌握其解题思路。

3.语文考前复习程序

第一步,确定考试范围,再根据考试范围,确定你的复习任务,并制定你的考前复习计划,确保你能在考试前,从容完成你的复习任务。

第二步,逐字逐句朗读考试涉及的课文,逐字逐句将涉及的课堂笔记朗读一遍。

第三步,对于考试范围内要求背诵的课文或段落,务必考前再背诵强记一遍。对于考试涉及的古诗词、文言文,一律再背诵一遍。

第四步,将考试涉及的课文的注释,细细诵读并掌握。对于考试涉及的课文中的文学常识、生字词、汉语语法等语文基础知识,务必背会写会。

第五步,若考试有作文题,尝试押题,并分别阅读相关题目的优秀作文。

4.英语考前复习程序

第一步,确定考试范围,再根据考试范围,确定你的复习任务,并制定你的考前复习计划,确保你能在考试前,从容完成你的复习任务。

第二步,将初中阶段所有已学过的英语单词,逐个背诵一遍,达到"英汉互译"的标准,即:盖住这个单词,只露出它的英语部分,你能流利译出它的汉字解释,并读出它的读音,指出它的词性;盖住这个单词,只露出它的汉字词义部分,你能流利拼写并读出这个英语单词。

第三步,将考试涉及的单元核心课文背诵一遍。

第四步,记诵教材的同步辅导书涉及的单元注释知识点。

第五步,诵读《英语课堂笔记本》中涉及的单元笔记。

第六步,复习错题难题。快速浏览你的《错题本》,将每一道错题快速重做一遍,确保能够做对,并能清晰掌握其解题思路。

第七步,若考试有作文题,尝试押题,阅读并抄写优秀作文。背诵作文模板,以备考试时灵活运用。

(三)新学期开学复习

漫长而快乐的寒暑假,足以能使同学们淡忘以前学过的知识,而新学期的新知识,必然建基于以往所学,因此,新学期开学复习,不可或缺。

新学期开学复习的最佳时间,是寒暑假的最后两个星期。

在寒暑假的最后两个星期内,你要完成对各个学科的开学复习。

1.数学、物理、化学新学期开学复习程序

第一步,将初中以来学过的所有课本找来,将课本上的划线文字逐字逐句朗读一遍。

第二步,将初中阶段的课堂笔记逐字逐句朗读一遍。

第三步,复习错题难题。快速浏览你的《错题本》,将每一道错题快速重做一遍,确保能够做对,并能清晰掌握其解题思路。

2.政史地生新学期开学复习程序

第一步,将初中以来学过的所有课本找来,将课本上的划线文字逐字逐句朗读一遍。

第二步,将初中阶段的课堂笔记逐字逐句朗读一遍。

第三步,诵读《政史地生考点自编题集》。

第四步,复习错题难题。快速浏览你的《错题本》,将每一道错题快速重做一遍,确保能够做对,并能清晰掌握其解题思路。

3.语文新学期开学复习程序

第一步,将初中以来学过的课本找来,将每一课的注释部分,诵读一遍。对于课后练习部分明确要求背诵的课文或段落,要认真背诵一遍。

第二步,将初中阶段的课堂笔记逐字逐句朗读一遍。

4.英语新学期开学复习程序

第一步,将初中阶段所有已学过的英语单词,逐个背诵一遍,达到"英汉互译"标准。

第二步,将初中以来的教材的同步辅导书注释知识点诵读一遍。

第三步,将初中以来的《英语课堂笔记本》内容诵读一遍。

第四步,复习错题难题。快速浏览你的《错题本》,将每一道错题快速重做一遍,确保能够做对,并能清晰掌握其解题思路。

七、作业技术

作业有两大功能:一是深化对所学知识点的理解和运用,二是检验对所学知识点的掌握程度及运用水平。每一名初中生,只要他能够高质量、宽覆盖地完成作业,他将牢牢掌握所学的知识点,并为日后取得优异的考试成绩奠定基础。

作业分为两类:第一类是授课老师布置的作业,第二类是学生根据自身情况,在完成老师作业之后,为自己量身打造的自主作业。

(一)"三步法"完成老师布置的作业

第一步,在复习并理解老师课堂所讲授的知识点后,再做作业。

第二步,高质量完成老师布置的作业。若遇到不会做的题目,应求助老师、同学、家长,或电脑上查询,直到弄懂为止。

第三步,经过老师批改的作业本发回后,要及时查看有无错题,若有错题,应求助老师、同学、家长,或查询电脑,直到弄懂为止,在作业本上订正后,并将错题转录入《错题本》。

(二)合理为自己量身布置自主作业

我们不主张题海战术,但每门课至少有三份作业:一是课本上的习题,二是老师布置的作业,三是自己布置的同步强化练习题,我们姑且称之为"自主作业"。对于自主作业,建议使用预习时的教材的同步辅导书上的练习题,这样会更系统、更简约。

学生完成自主作业后,对照答案,自行批改作业,要及时订正错题,并将错题转录入《错题本》。

这三套作业完成后,如果仍有精力和空闲时间,建议再做一套培优拔高性的练习题。这样将使你成绩突出,并为今后高中学习,奠定坚实的基础。

(三)以一名优秀学生的标准优质完成每一次作业

只要观察作业的好坏,便知道这名学生的成绩优劣。优秀学生的作业,除了正确率高之外,字迹非常工整美观。如果要对自己的学习进行校正,那就从作业开始吧!每天高度重视作业的完成。对每门课程的作业,都应当极其认真地完成。当你经过预习、认真听课、复习之后,作业的正确率就有了保证。除正确率外,你务必做到作业中的每一个字都能写得"横平竖直、字间有距、成一条线"。如果你能够保证每次作业的高质量,不久的时日,你必成为优秀的学生。

八、考试技术

考试也是一项技术活。

决定考试成绩的,除了学好知识外,意志品质、应试技术、考试状态、临场发挥也是不可忽视的因素。

对初中生而言,中考是他人生中的第一场大考。中考既检验你初中三年的学习成效,更将决定你未来三年高中的学校层次,甚至决定你的高中班级的优劣。因此,我们需要为中考做出最充分的准备。若想中考表现出色,除了刻苦学好所有课程的所有知识点外,还应注重平时对每一次考试的备战、应试和总结。

(一)端正考试态度

进入初中以后,考试将成为你学习的一部分,面对每一次考试,只有端正考试态度,才能考出应有的水平,才能从每次考试的成败中,取得长足的进步。

1.学好是考好的前提

巧媳妇难为无米之炊,天上不会掉馅饼。不好好学习,不把每一门学科的每一个知识点学扎实,是不可能考出好成绩的,考试技术只能在你掌握知识的范围内发挥作用。所谓超常发挥,也只是把你所掌握的知识发挥到极致而已。临溪羡鱼,不如退而结网。只有平时扎实学好,才能在考试中取得好成绩。

2.考试是客观的标尺

每一次考试,都是对你之前学习成效的一次客观检验,考试是一把客观的标尺。考试紧张的原因主要有两个:一是对已往所学不自信,二是对考试结果产生过高期待。其实,考试与测体重的本质是一样的,试卷与体重计的本质也是一样的。如果你对自己的体重不自信,或者对体重结果产生过高期待,那么,你在测量体重时也会紧张。

面对考试这把客观的标尺,你需要诚恳接受这把标尺的客观检测。在考试中,你只要实事求是认真答题即可,不要对考试结果抱有不切实际的奢望,要欣然接受考试的一切结果。考试是客观的标尺,你平日所学成效也是客观的存在,你有什么理由在考试中紧张呢? 只要真实发挥就好。

3.考试的成绩属于过去而不代表将来

每次考试的成绩体现的是你这次考试前学习的成效,你现在的努力与否,决定你下次考试成绩的好坏。所以,无论你某次考试成绩如何的优秀或糟糕,都不应该成为你骄傲或失望的理由。学在当下,把握现在,你才有机会在下次考试中取得更优异的成绩。

4.每一次考试都是你前进的机遇

如果你某次考试成绩优异,你应该总结取得这次优异成绩的经验,并大胆运用在今后的学习中。

如果你某次考试成绩糟糕,你应该总结教训,分析原因。最关键的是,你务必将这次考试中的扣分点全部弄懂、订正,将错题收录入《错题本》。

因此,某次考试考得好,你收获的是经验和自信;某次考试考得不好,你收获的是教训与知识点。

事实上,在某次考试中,得分低的同学比得分高的同学收获更大。当然,前提是他能将错题全部弄懂。

总之,无论考试成绩好坏,每一次考试都是你前进的机遇。我们应坦然面对每一次考试,珍惜每一次考试,热爱每一次考试,把考试作为自己前进的良好机遇。

5.试卷的难度是统一公平的

每个人都渴望试卷简单一些,以期盼得到高分;还有很多人害怕难度高的试卷,一遇到难题就很崩溃。事实上,对于一个班级而言,无论试卷难度高低,其班级排名大致相当。因为试卷的难度是统一公平的,你觉得难,别人也会觉得难;你觉得容易,别人也会觉得容易。所以,在日后的考试中,无论考卷难易与否,你都应当镇定自若,认真做完每道题,把会做的题目完成即可,不要因为试卷的难易而产生任何情绪波动。

6.考试作弊既可耻又愚蠢

考试作弊是犯罪行为,更是不道德的。作弊就是偷窃,并充分暴露作弊者的虚荣、投机与诚信缺失。考试目的在于检验学习成效和选拔优秀人才,作弊者失去了客观检验自己学习成效的机会,失去今后努力学习的方向,并养成了不劳而获、投机钻营的恶习。即使作弊未被发现,侥幸被录取为优秀人才,作弊者的内心也会永无宁日,承受这种害怕被揭发的恐惧以及超我的道德审判。人生的发展最终是凭真才实学的,靠作弊蒙混过关的人,因不具备相应实力,在超过自己能力的平台上,最终会心力交瘁,自作自受。

我们面对每一次考试,都应当绝对回避作弊,作弊者是可耻的,更是愚蠢的。远离作弊,坦然直面每一次考试,欣然接受每一次考试结果。因为人生的发展是终身的,只要坚持奋斗,梦想终会实现。

7.把每次考试作为锻炼提高的机会

人的一生中需要经历太多的考试和考核。初中是人们学习的起步阶段,往后还要经历高中、大学本科、硕士研究生、博士研究生、博士后、职业资格、职级评定、就业竞岗等一系列的考试考核,只有成为考试中的能手、强者,你便会收获更多的人生机遇。罗马不是一天建成的,冰冻三尺,非一日之寒,不经过无数次考试的洗礼,你不可能成为考试能手、强者。珍惜每一次考试的机会,把每一次考试作为对自己的一次锻炼,充分准备,认真对待,学会总结每一场考试中的成败得失,不断吸取历次考试中的经验教训,每一次考试,都是一次提高,这样坚持下去,你必将成为考试中的强者。

8.珍惜考试、热爱考试、享受考试

每一次考试,都是对自己过往所学的一次检验,也是证明自己的一次良机。

天道酬勤,考试是最真最善最美的渠道,通过它,你可以证明你平时是多么的辛勤、努力和聪慧!

考试让奋斗者、智慧者、实干者脱颖而出,这就是考试的最大魅力!

我们很难有机会证明自己有多优秀,但是,只要一场公平公正的考试,你就可以让自己闪闪发光!并向世人宣告自己是一位优秀的人才。

古今中外,无数寒门学子,通过执着努力,最终通过考试这一平台,踏入新的人生境遇,迈向成功的人生之路。

世界是公平的,人生是公平的,考试就是公平的尺度。

每一场考试都值得我们去珍惜和热爱。

我们要享受每一次考试,因为我们在考试之前的一切努力,都会在考试中得以检验,在考试后得到认同。

(二)明确考试范围

无论大考小考,你应提前明确考试的范围。越早知道考试范围越好,这样你有更充足的备考时间。若能知晓考试的具体题型、答卷时间、试卷难度等考试细节,则更有利于你进行针对性的准备和练习。

(三)制定备考计划

无论大考小考,当你知道考试范围后,应立即制定备考计划,迅速进入备考复习状态,并严格执行你的备考计划。

如何制定备考计划呢?建议按以下六个步骤制定备考计划。

1.第一步,将考试范围量化

将考试范围量化到课本的具体章节,量化到笔记本的具体页数,等等。如:某次考试涉及的范围有:从课本的第1页考到第50页、笔记的第1页考到第10页、《错题本》的第1页考到第20页、《考点自编题集》的第1页考到第20页等。

2.第二步,计算备考时间

从现在起到考试的日期止,计算出备考的天数。如:现在是星期一,考试时间为下周星期五,则备考时间为10天。

3.第三步,量化每天备考复习的任务

第一步中计算出的考试范围总量÷第二步中计算出的备考天数=每天备考复习的任务量。如:由第一步和第二步中的数据,你每天复习课本5页、笔记1页、《错题本》2页、《考点自编题集》2页。这是指复习一轮的每日任务量,如果你想复习两轮,那你每天的复习任务量必须增加一倍,以此类推。

4.第四步,测定完成单位任务量的时间

测定的方法很简单:对每项任务进行真实备考复习1页,并计时。如:测定复习课本1页需要5分钟、复习笔记1页需要5分钟、

《错题本》1页需要5分钟、《考点自编题集》1页需要10分钟。

5.第五步,推算完成每天各项任务量的总时间

根据第四步与第一步数据,你可计算出:每天复习课本需要25分钟、每天复习笔记需要5分钟、每天复习《错题本》需要10分钟、复习《考点自编题集》需要20分钟。完成每天复习任务量一共需要60分钟。

6.第六步,制定《备考作息安排表》

整合你的作息安排,在不影响其他重要作息活动的前提下,调整挤抽60分钟,专门用于备考复习。将新的作息安排表——《备考作息安排表》打印出来,并粘贴上墙。

7.第七步,制定《考试作息安排表》

考试作息,是指考试当天的作息,以及考前三天的作息。因为人的身心状态具有延续性和适应性,所以,考前三天就要开始实施考试作息,以便考试当天具备充沛的体力与适应的身心状态。

考试作息的内容包括:充足的睡眠,适度的考前练习量,持续的知识点背诵,快乐积极的体育锻炼,清淡营养卫生的一日三餐等。

考试期间,建议早晨6:30起床、夜里10:30睡觉、午休时间定为12:30—13:30内的一小时。若考试时间提前,则将午睡起床时间设定在考前一小时起床为宜,并确保午休时间一小时。考试期间不能开夜车,也不能贪睡、嗜睡,保证八九个小时的睡眠为宜。

考试期间,文科要全力循环背诵强记,一直持续到进考场为止;而理科要保持适度的热身练习量。

考试期间务必进行一项自己热爱的体育锻炼,如篮球、羽毛球、乒乓球、慢长跑等,体育锻炼时间最好安排在下午考试结束后的一小时内。

考试期间的一日三餐应以清淡营养为主,尽量沿袭平日正常的饮食习惯,切忌考试期间饮食大变、大补等。建议以蔬菜、水果、大虾、排骨、清蒸鲜鱼等为主。

(四)执行备考计划

一份耕耘,一份收获,只有严格执行备考计划,你才能在考试中取得好成绩。记住:优秀的学生源于他过去的坚持与努力。你现在的成绩不佳,是因为你过去没有坚持和努力。而你现在的坚持与努力,将会在后面的考试中得到回报。谁坚持努力到最后,谁将笑到最后。强大的执行力,是胜利之本。若每次都能严格执行备考复习计划,你必将笑到最后。

对于语文、数学、英语、物理、化学、政治、历史、地理、生物的考前复习技术,请参考本章"复习技术"中的"考前复习",此处不再赘述。

(五)研读细化考纲

考纲或考试大纲,就是试卷命题官方发布的考点范围与考试要求。

对于单元测验或期中、期末考试,一般没有书面的考试大纲,但老师会在考前划定考试范围。对于中考、国家和地区学科竞赛,国家和省市教育部门一般都会发布专门的考试大纲,考前在网上可以搜到,也可以直接打电话垂询主考部门。

对于单元测验、期中、期末考试,一般在考前3天研究往年考卷即可。对于中考、竞赛等大的考试,一般考前一个月研究考纲。为什么不在备考复习前研究考纲呢?因为考纲虽然确定了考试范围,但是,就知识点本身而言,都有相互的关联性,所有的知识点都是日后继续深造的基础。掌握了所有知识点以后,才有资格和条件去研究考纲。

研究考纲时,将考纲所列的考点或考试范围一一梳理并细化,逐条对照是否掌握,若发现有短腿考点,立即采取专项突破的办法,彻底将短腿考点学懂为止,确保自己熟练掌握考纲中所有考点。

（六）研练往年真题

往年真题试卷,特别是最近几次的真题试卷,堪称本次考试最精准的考纲。尽管考试中极少出现往年相同的试题,但相同的考试范围、相同的题型、相同的考试要求,使往年真题具有极高的研练价值。透彻研究往年真题,能使你的考试成绩大幅提高,并能使你在考试中心中有底,自信倍增。

获取往年真题试卷的途径有三个:一是到求助授课老师,二是到书店购买,三是在互联网上搜索下载。记住,务必要弄到往年真题的详解答案。

对于小考,比如单元测试或期中、期末考试,只要研究和练习去年的真题试卷即可。对于中考或学科竞赛,至少要研练最近三年的真题试卷。注重研究真题试卷的结构、题型、知识点考查方式、解题思路等。逐题解答之后,对照标准答案,自行阅卷评分,除了订正错题之外,要将每一题的正确答案细细研读,并模仿和总结最佳解题流程。

（七）实境模拟考试

实境模拟考试,是指以最贴近于真正考试时的情境,进行模拟考试。在相同的时间段,以相同的考试要求,用相同类型的试卷,模拟相同的考试流程,以实战的心态,进行一次逼真的模拟考试。

1.考前实境模考的好处

无论大考小考,考前进行模拟考试,好处多多。一是通过模考找缺补差;二是提高考试速度和效率;三是通过实境模拟考试,熟悉考试中的细节和流程,查找与避免在实际考试中可能会出现的意外和失误,做到心中有底,提升自信心;四是通过实境模考的锻炼,考生在真正考试中,熟悉了试卷的题型、考点范围,加强了考试的熟练程度,可直接提升考试成绩。

2.进行实境模考的最佳时间

考前实境模考的最佳时间为考前五天之内。模考的时长,要与真题试卷时长相同,并最好能安排在与实考相同的时间段内。比如中考语文安排在上午9:00—11:30,则你的语文中考实境模拟考试也安排在上午的相同时间段内。

既然是模拟考试,就需要严格按照正式考试时的一切要求和程序进行,务必在规定时间内完成答题,时间一到,结束答题。

对于大考、重要的考试,如中考等,需要进行多轮实境模考;对于期中、期末考试,至少需要进行一轮实境模考;对于单元检测等小考,则不需要进行实境模考。

3.模考试卷的获取渠道

获取模考试卷的途径有三个:一是向授课老师求助,从授课老师那儿获取;二是到书店选购;三是在互联网上搜索下载。记住,最好的模考试卷,是历年的真题试卷。模考试卷越接近真题试卷,效果则越佳。模考试卷务必配有详解答案。

4.模考阅卷评分总结

模考结束后,应立即对照答案,自行批改试卷和评分,订正错题,并分析错因,然后再回到课本,将错题中的知识点,全部学懂为止。

最后对本次实境模考整个环节进行综合分析,吸取经验,避免不足,要善于通过模考找缺补差,将模考中暴露出来的问题,一一加以解决,确保在考试实战中,不会再出现同类问题。

(八)沉着老练参考

从小学到初中,我们经历过无数次的考试。进入初中后,考试更是家常便饭。在无数次考试的洗礼下,我们应将自己训练成考试能手,最终足以能沉着老练地应对任何一场考试,并能考出风格,考出水平。

以下是一次完美的考试过程。

1.按时领取并仔细阅读《准考证》

《准考证》是参加考试的资格证明,也是考试的"说明书"和纪律通告。考生首先要积极关注如何领取《准考证》,若到了规定时间仍未收到准考证,应立即向老师反馈。领到《准考证》后,要细细阅读每一个字,记牢考试的具体科目、时间、考场的安排,特别是《准考证》上的"注意事项",考生务必了然于胸。

2.提前准备好考试用具

最迟于考前一天,考生应按《准考证》的要求,准备好考试时的一切用具。首先,确保你的文具规格全部符合《准考证》的要求。所有的文具在考前一律要经过你的亲自试用,达到你满意的效果为止。如将2B铅笔削成最方便填涂答题卡的形状、多预备一些笔等。你务必将考试文具,连同准考证、身份证等参考证明,全都放在考试文具袋里。除文具外,考试用品还包括手表、餐巾纸、开水杯等等一切在考试中可能要用到的物品,但不要携带考试中明文禁带的物品。准备一个小背包,将考试文具和考试物品,装在背包里,方便考试时携带。

3.提前察看考场,试走考试路线

如果考场安排在不熟悉的地方,考生一定要提前察看考场。考试组织方一般在考试前一天的下午,允许考生现场察看考场。考生务必在规定的时间内,亲自到考场去,找到自己考试时所在的教室及座位。

找到考场之后,要立即决策第二天考试时的出行方式及从家到考场的考试路线,并立即将考试路线完整地试走一遍,试走时要计时,以便准确预算出明天考试时的路上交通时间。预算考试交通时间时,需要考虑到考试当天的天气情况,以及交通高峰期的拥堵情况。若考场离家太远,最好能在考点附近租住一家安静并且卫生的旅馆。

4.严格执行考试作息,沉着老练答卷

要把每一次考试作为对自己的一次锻炼和检验,严格执行考试作息,沉着老练地参加考试。

考试紧张是正常的心理表现,适度的紧张更有利于考生在考试中水平的充分发挥。通过深呼吸、体育锻炼、喝水、想象一些搞笑的事来缓解考试紧张。

考试期间要保证足够的睡眠。考前兴奋、入睡难是非常正常的现象。其实,只要我们舒服地躺在床上,坚持做气息均匀的深呼吸,即使彻夜不眠,也是一种质量非常好的休息,这种休息完全能够为第二天的考试提供足够的精力和能量。因此,我们不用过于担心失眠问题。而且,考前做中低等强度的体育锻炼、睡觉前泡个热水澡、睡觉后播放英语录音磁带听,都能有助于我们心静如水和早早入睡。

进入考场后,一切听从监考老师的安排。试卷发到手后,不要立即做题目,首先应是将姓名写在试卷上,然后速览试卷一遍,一来检查有无错卷、漏印等问题,二来粗略了解试卷的题型、题量、难易度等。

答卷时,要按"一易二难三检查"这三个步骤解题。

答卷第一步,按顺序先做熟悉的容易题。每一套试卷,都会有容易的基础题和拉开分距的难题,基础题和难题并非按试卷题号顺序排列,而是互相穿插交叉的。若一开始就在某一道难题上消耗太多时间,以至于后面容易的基础题都来不及解答,得不偿失。这种低级错误,一定要避免。所以,考试中,要在第一轮迅速解答容易的基础题,跳过难题,并在跳过的难题前面,加注"?"标记,以便回头容易找到这些未解的难题。判断难题的标准是:读完题目一遍之后,毫无感觉,毫无头绪,或预感此题非常的繁琐、复杂,将消耗大量时间和精力,则应果断在这个题目前面加注"?",作为难题直接跳过,等答完试卷上的容易题后,再回头解答难题。

第二步,攻克难题。当做完试卷中的容易题之后,你应立即回到试卷的第一页,找到标有"?"的难题,耐心攻克这些难题。因为你已经完成了容易题的解答,所以此时你可以耐心思考,沉着解答难题。记住,你难,别人也难,若有不会解答的难题,是非常正常的现象,内心不要因为有题目做不出来而情绪大变。如果解对了某道难题,应在内心大大祝贺一番,并继续耐心解答后面的难题。能解几步是几步,能挣1分是1分,因为有些题目是按照解题的步骤给分的,不到考试结束的铃声响起,决不停止答题,坚持到最后一秒,便是最大的考试成功。

第三步,检查试卷。在你完成了容易题和难题之后,若仍有剩余时间,你应立即启动检查试卷的步骤。先检查分值高的题目,再检查分值低的题目。最简单的检查方法是:将题目重新解答一遍,对比结果即可,或将结果代入题干,检验是否符合题设的条件。

若有答题卡需要填写,你应该留有足够的时间来填涂答题卡。交卷前,要仔细核对答题卡,确保填涂正确。交卷时,要按照监考老师的要求交卷。

走出考场后,要快乐地告诉自己:"本场考试已胜利结束,现在是全力应对下一场考试的时候了"。不要与任何人对答案或讨论已经结束的考试,全力以赴准备下一场考试。不少同学一走出考场,便急不可耐地找同学对答案,有的甚至因为答案不一,而相互争得面红耳赤。这样的同学虽然很可爱,但确实不是考试高手的作风和素养。因为刚刚结束的考试结果已成定局,考不到满分或有错解是正常现象,日后有的是机会去订正错题,而你眼下最重要的是:忘掉刚刚结束的考试,全力备战尚未结束的其他考试。

(九)考后彻底放松

考试结束后,务必要放松自己。根据考试的规模大小,放松的时间不等。如期中考试结束,要放松半天时间;若是期末考试,则放松一天;若是中考,则放松一个星期吧。放松时间内,可以与家人到公园去玩一玩,或与同学痛痛快快打球等,只要是能够放松自己、有益身心健康的娱乐活动,都是可行的。

(十)考后试卷订正

考试成绩公布后,不要太关注成绩的多少,而应将注意力放到试卷的订正上。即使是中考结束,你也需要订正试卷,因为中考并不是你人生考试的终结,而只是一个开始。通过订正试卷中的错误,你会收获一次更大的进步,为日后的考试成功,奠定基础。

订正试卷时,首先要找错题,不看答案,尝试再做一遍,看能否计算出正确的结果。如果不会,则查阅答案,若能看懂答案,则在《错题本》订正,若看不懂答案,则请教老师或同学,直到弄懂为止,最后在《错题本》上订正错题。

(十一)考后系统总结

成绩揭晓且订正好试卷后,你需要对本次考试进行系统地总结。总结可以写在日记本上,内容包括三个方面:一是这次考试中的亮点,如好的做法、成功的经验等;二是本次考试中的不足,如备考不充分、答题不够严谨等;三是今后在考试中如何做得更好等。

每次考试后的总结,都会使我们收获更多,我们不再纠结于考试的成绩,而是展望下一阶段的学习与考试,并对未来的学习生活充满期待。

九、各门课程具体的学习技术

(一)语文学习技术

1.朗读课本——"半小时三层次"读书法

(1)语文功底是读出来的。

每天抽半小时读书,并固定于同一时段。最好是安排在每天午饭后半小时读语文(因为早晨要读英语、傍晚要背副课)。一开始,你可能会不习惯,但请你咬牙坚持三个星期吧。坚持三星期后,你会觉得诵读语文并不是那么困难和痛苦。若坚持了一个月,你便会形成每天诵读语文的好习惯。若坚持到三个月,你会发现,诵读语文是非常享受的事。这时,如果某一天你因特殊情况没读语文,你会觉得不自在,会有一种失落感,就像某天忘记刷牙一样难受。

(2)半小时的诵读内容分为三个层次。

第一层次:在学课文跟踪诵读。

第二层次:本册课本顺循环读。

第三层次:过往课本逆循环读。

(3)诵读时要做到"四有"。

有音量、有感情、有表情、有思索,为诵读时的基本要求,以确保全神贯注于所读内容。诵读的声音要洪亮,至少不低于CCTV新闻联播主持人的嗓音,用普通话朗读,口齿要清晰,确保字正腔圆。如遇到不理解的内容,做上记号,利用各种途径弄懂为止。

(4)诵读语文的重大意义。

①就应试的价值而言,诵读是应试的最有力武器。诵读对于解答语文试卷上的每一个题目,都能提供直接或间接的答案来源和答题帮助。

②诵读提高人的口语表达能力,为在日后生活、工作中的谈话、

面试、谈判、演说等活动,提供了坚实的基本功训练机会。

③语文课本上的文章,均精选于古今中外最优美的文字作品,诵读的过程,就是学习、感受、汲取古今中外大师们的文字精华的过程。这些文字的精华,会在你的内心重新组合,成为你精神的一部分。当你提起笔撰写文章的时候,这些曾经被你诵读过的优美文字,会潜移默化地成为你文章的来源和支撑。

④在诵读过程中,为完成读、听、看等活动,你的注意力高度集中,你的语言神经中枢、视觉神经中枢、听觉神经中枢、运动神经中枢全程参与诵读过程,既加强了你对课文知识要点的掌握,同时,训练和提升了你的大脑功能。人的大脑是在使用和训练中而愈加发达的,大脑训练和使用程度越高,大脑的功能越强大,人会更聪明、更有智慧。读是一项综合性使用和训练大脑的活动,诵读过程中,你不但学习了语文知识,更锻炼和提升了你的大脑功能,真是一举双得。

⑤诵读是一个运动过程,口腔肌肉、声带控制肌肉,以及有关的骨骼参与诵读运动,既能减肥,又能健身。最最可贵的是,诵读锻炼和优化了你的声带和发声系统的功能。读书好听的人,唱歌一定不赖哦!

⑥诵读优美文章,可以修身养性,陶冶情操。长久坚持,必为雅士文豪。

2.勤写汉字——从"十二字"书写法开始

很多学生语文功底很好,但由于汉字写得非常难看,考试时,卷面得分低,非常吃亏。特别是语文和英语考试中的作文,阅卷老师没有过多时间看你的作文细节,往往一目十行浏览式的阅卷,这时,字写得漂亮,便有了巨大的优势。字写得美观,给阅卷老师的整体印象会非常好,如果文章没有大的漏洞,往往会得高分。如果字写得丑,本身就是语言学习的不足之处,本身就是扣分点。而且,因卷面不美观,阅卷老师没有多少耐心去艰难地辨认你作文上的字,结果往往会扣更多的分。想写成一手漂亮的汉字,非一日之功,需要坚持不懈地训练。汉字书写能力是语文功底的表现和重要组成部分。为便于字不好的同学能够很快写出"不吃亏"汉字,我建议先从"十二字"汉字书写法开始,即:"横平竖直、字间有距、成一条线"。

(1)横平竖直。

不管某个汉字有多么复杂的笔画,你若能保证写得"横平竖直",就等于抓住了这个汉字的重心和重点。把所有的横写得水平笔直,把所有的竖写得垂直笔直,这个汉字就不会写得太难看。当然,如果你能够把每一种笔划都写得标准美观,那自然最好不过了,但万事开头难,姑且从"横平竖直"开始吧。

(2)字间有距。

很多字写得丑的人,往往把一个字的各个笔画纠缠在一起,相邻几个汉字相互纠缠在一起,以至于分辨不清某个字的各个笔划,分辨不清到底是几个汉字。对于这样的同学,有必要让他们先观察书本上的汉字,他们会发现书本上的汉字都是"字间有距",即:在某个汉字内部,笔画之间没有相互纠缠的现象发生,相邻汉字之间,也有固定的字间距离。然后,让这些同学模仿书本上的汉字排版模式,书写时做到"字间有距",做到字的内部和字间都有固定的间距。

(3)成一条线。

对于一行字,很多写字不好的人,会写得波涛起伏,有人把一行字写成了"高射炮",有人把一行字写成了"钻地龙"。这样的卷面,当然没有美观可言。把一行字写成"一条线",其实很容易做到,先在纸上折出线痕,或用铅笔和直尺在纸上描出淡淡的直线格子,写的时候注意沿着折线痕或直线格子写,直到最后能够自然地写成"一条线"即可。

(4)"烂笔头"打败"好记性"。

对一些难写的字词,对于一些难于背诵的文章段落,有时不妨采取"抄背法",会加快和加深记忆。因为书写汉字时,人的大脑系统会接收比背诵更加强烈和更深刻的记忆信息。华夏文明凝集于汉字之中，书记汉字，更有利于从灵魂深处吸收汉语文化的精髓。

3.克服作文恐惧从抄袭开始——抄袭作文法

很多厌学语文的学生，最头痛的就是写作文。写作是语文学习的最高层次，确实有难度。但是，你可以从最容易的方法入手——抄袭。比如老师布置作文题为《我的爸爸》，如果你觉得无从下笔，那你不妨从作文选集中抄一篇《我的爸爸》，但你应该做一些"手脚"——用你自己爸爸的事例，置换所抄的那篇《我的爸爸》中的事例。因为你突然"写"出高水平的作文，老师的表扬，同学惊羡的目光，会让你的自尊心得到极大满足，你会感受到写出好的作文，会得到极大的快乐，于是你会期待下一篇作文的到来。久而久之，你的作文水平，会在抄袭中得到极大提升，终有一天，你会写出版权真正属于你的优秀作文。因为任何创造的过程都是一样的：首先是学习，然后是模仿，再次是本土化，最后是创造。通过抄袭作文，你学会了写作文的基本思路，汲取优秀作文的精华，久而久之，写不出好的作文才怪呢。抄袭作文法其实是没有办法的办法，如果你能够通过阅读他人优秀作文，结合自己的语文功底，加上自己的创作灵感，写出了优秀的文章，就不必抄袭他人的作文。抄袭作文法，只是针对那些无法尽快入门的同学而言的。

4.主动磨炼你的口才——多讲故事、多辩论

语言的终极目标是用来表达的，讲出流利、精练、幽默、逻辑性强、极富感染力的口语，是语文功底强大的表现和目的。你可以找到各种机会训练你的口才。我觉得最好的途径是讲故事给幼儿园小朋友们听，幼儿园小朋友没有不喜欢听故事的，而且他们不管故事的好赖，只要说是"故事"，都会满怀期待地做你的聆听者。时间一长，你的语言表达能力自然会变得强大。在生活中，一旦有机会表达自己的观点，就珍惜这种磨炼自己口才的机会吧，大胆秀出你的口才。特别是在父母面前，多多说话，多多表达自己的思想和情

感,既能使家庭气氛活跃,又能够在一种没有"风险"的情况下,畅所欲言,因为父母是我们最忠实的"听众",即使我们说错话了,也会得到最安全的纠正和原谅。主动与好朋友、同学、亲戚、邻居等关系不错的人谈天说地,我们不鼓励你成为"话佬",但极力支持你成为一位性格开朗和能说会道的人。因为"说"出汉语,是最好的学习和运用汉语的形式。多多地说出自己的思想、情感、需求、观点、立场,本身就是语言学习的终极目的。

5.善于使用工具书——主动消灭你的语文知识盲点

(1)首先要有两本"宝典":《汉语词典》《成语词典》。有机会通读这两本"宝典",你会有很多意外的收获。如果通读做不到,你最起码要做到迅速浏览一遍。这是最真切地感受汉语丰富、博大的方式。务必养成查字典的习惯,一旦在学习和生活中遇到生字词,要即时查字典,并摘抄到你的《口袋本》或笔记本上。

(2)买一本"语文综合知识"方面的书,并在寒暑假期间细细阅读。这类书非常多,你要选"高大上"的那种书,出版社要好,印刷质量要好,最重要的是书的内容非常有质量。通过学习这本书,你可以系统学习和掌握汉语拼音、语法、标点、修辞、阅读、写作等系统的汉语知识。

(3)买一本语文学习的课外辅导书,比如教材的同步辅导书就非常好。

6.学会泡书店和珍藏好书——泛读经典和名著

泛读中外名著、伟人传记、世界史、人类思想史等书籍。所谓泛读,就是快速阅读,人类的知识浩如瀚海,只有快速浏览式的泛读,才能让你的知识面更宽泛一些。当你通过泛读,发现某本书值得精读,这时,你可以收藏这本书,慢慢欣赏和享用这本书吧。你可以利用节假日,泡泡书店,有针对性地泛读一些书。在泛读名著经典的过程中,若发现你爱不释手的好书,就果断买回家,然后细细精读品味。

7.语文不需要题海战术——只需认真完成老师布置的作业

从厌学转变为好学的标志是：开始认真完成老师布置的作业。认真完成作业，是一名学生的本职工作，是做一名有责任心、有事业心的人的开始和标志。认真完成作业，等于是向这个世界宣告——我是一位优秀的人。老师会非常高兴你的进步。而且作业认真也是对老师尊重的表现，更是对父母养育之恩的报答方式之一。总之，写好作业有一千个理由，作业马虎、抄袭，或者是胡差事，都是没有理由的，都是自毁前程和不负责任的表现。认真完成作业，也是自尊的表现。

8.双线作战——跟上老师的授课进度和追偿"欠债"

对于初一新生，只要按照上文所提的学习程序开展学习，语文成绩一定不会差的。但如果你是初二或初三的学生，若想提升语文成绩，并最终成为语文优等生，那你必须采用"双线作战"的策略，即：一方面，你必须能够跟上老师当前的教学进度，确保学好当下及今后的新课程，这是第一条战线；另一方面，你必须清偿历史债务——通过自学的方式，消灭以前没学好的课程知识，这是第二条战线。只有展开双线作战，将新旧知识全部囊括在手中，你才能够实现语文优等生的梦想。

只要按照以下程序来操作，双线作战很容易实现。当然，双线作战需要付出相当的时间和精力，但必须想到，这是自己曾经的迷失所造成的，是自己背负的历史债务，只有以自己的实际行动加以偿还。后悔、自责、胆怯、退缩都是无济于事的，你只有一条路可走——双线作战。

（1）超越学习——提前预习老师未上的新课文。

所谓超越学习，就是将老师将要教的课文提前自学一遍。假设语文老师目前正在上八年级上册的第2课，下一课将会上八年级上册第3课《蜡烛》，我们以提前自学第3课《蜡烛》为例，具体讲解"超越学习"法的操作步骤。

①提前诵读第3课《蜡烛》的整篇课文。通过每天的"半小时三层次读书法",我们已经将老师未上的课文提前读了一遍。

②对正文后面的"研讨与练习"认真地试做一遍,将答案写在超越学习练习本上。

③细细精读一遍教材的同步辅导书第3课的全部内容,记住要做到一字不落。有两种精读法:朗读法和划线精读法。将教材的同步辅导书第3课的内容一字不落地朗读一遍,便是朗读法。如果你觉得读书太累了,就用划线精读法吧。将教材的同步辅导书第3课的每一个字、每一行字,看一个字划一个字,看一行字划一行字,这样印象非常深刻,能保证注意力高度集中。那种泛泛地看一遍,甚至有时思想会开小差的读书过程,对于自学教材的同步辅导书这样的好书,是难以取得好效果的。在精读教材的同步辅导书的过程中,要保持思维活跃。对于教材的同步辅导书上的练习题,一定要先自己亲手做一遍,然后再对照答案,细细分析和领悟你的答案与教材答案之间的差距所在。

④对照答案。看完教材的同步辅导书第3课的所有内容后,你将自己所完成的课本上"研讨与练习"的答案与教材的同步辅导书上的对案对照。语文练习题没有绝对的标准答案,所以,你要分析自己的答案与教材的同步辅导书答案的差异,这样你会慢慢提升自己的语文阅读水平。

⑤摘录抄写。对于教材的同步辅导书提炼出的重要知识点,你有必要转抄到语文书课文的页面空白处。在以后的诵读语文过程中,这些摘抄的知识点,也是你诵读的内容。经过长期循环诵读后,你会更好地驾驭本篇课文。

通过以上五个步骤,你圆满地完成了对第3课《蜡烛》的超越学习。当老师上到这篇课文的时候,你会满怀信心和期待,内心无比从容。当老师的讲解印证了你的领悟,你会无比激动,会心一笑;当老师提出新的知识点和见解之时,你会无比珍惜而认真做好笔记,从而进一步加深了你对这篇课文的理解和掌握。预先自学了老师未上的课文,你就完全可以放心地跟上老师的节奏,不会再背上新的债务,从而使过去不懂的知识固定化,一旦有时间,你可以启动"偿债学习法",复习和化解过去没有学好的知识内容。

(2)偿债学习——复习过去没有掌握的知识内容。

"偿债学习"是第二条战线的作战,"超越学习"是第一条战线的作战。第一条战线作战完成后,若仍有富余时间,你可以进行第二条战线的作战。但如果你平时的学习任务很重,抽不出时间和精力进行"偿债学习",那你也可以利用周末或寒暑假时间来进行"偿债学习"。

①由近及远逆行进行"偿债学习"。比如你现在是初二上学期,你可以先对本学期已经上过的内容进行"偿债学习",然后再依次对初一下学期、初一上学期没学好的知识分别进行"偿债学习",若小学也没学好,你可以继续对小学没有学好的内容进行"偿债学习"。"偿债学习"的操作程序和"超越学习"相同,故不再赘述。

当你通过"偿债学习"完成所有过去没学好的知识内容后,你会如释重负,轻装上阵。此后,你便可以一心进行"超越学习"。通过开展双线作战,你对语文学习会越来越充满自信,你将自如娴熟地驾驭语文学习,而你的语文成绩一定会越来越好。

(二)数理化学习技术

初中数学、物理、化学的学习有三个层次:第一层次是学透课本,第二层次是学透课本后再学透教材的同步辅导书,第三层次是学透课本和教材的同步辅导书后,再学透培优教辅。对于这三个层次的水平,可以庸俗地用排名来诠释:第一层次会是全班的数学前十名,第二层次会是全校数学的前十名,第三层次会是全区数学的前十名。前一层次是后一层次的台阶,后一层次又会对前一层次起到巩固和夯实的作用。

1.搁置艰难,超越学习,以积极进取的姿态跟上老师的授课进度

(1)搁置艰难,调整状态,准备战斗。

无论你以往数理化成绩有多糟糕,但只要不放弃成为数理化优等生的梦想,一切都来得及。你首先要做的是:搁置艰难。所谓"搁置艰难",就是放下对数理化的恐惧和忧虑,暂且将过去没学好的所有历史包袱摆在一边。要坚信一个真理:害怕和停滞不前是没有意义的,对于过去没有学好的内容,姑且放在一边,现在最重要的是——跟上老师的节奏和进度,力争从此不再产生新的包袱和新的"债务"。现在,只要你准备好数理化的课本与教材的同步辅导书,按照以下步骤操作,轻装上阵,充满信心,你将很快提升数学成绩。

(2)超越学习法——以积极的姿态跟上老师的进度和节奏。

所谓"超越学习法",其实非常简单,不过是提前预习老师即将要讲授的数理化课堂知识。提前预习具有革命性的积极意义,它打破传统的被动学习模式,变被动学习为主动学习,使自己走在老师的前面,既超越了传统的学习模式,又超越了老师的进度,同时也超越了自我,最最厉害的是,只要坚持超越学习,不久的将来,你将超越他人。

"超越学习法"的具体操作程序如下:

①确定"超越学习起步点"。数理化老师明天上课将要讲授的课本章节点的位置,就是你的"超越学习起步点",你的提前预习便从这个位置开始。比如数学老师明天要讲授初二上学期数学课本的第十二章《全等三角形》的第一小节,那么,你就从这一节开始超越学习吧。

②速览"起步点"前所有学过的数学知识点。在确定"超越学习起步点"之后,你并不是立即开始预习"超越学习起步点"后的章节内容,而是用极快的速度,将此"起步点"前的所有数学知识点浏览式地复习一遍。具体操作方法是:第一步,朗读目录。依次将已经学过的数理化课本的目录认真仔细地朗读一遍。这样做的好处是:

你了解了你从上学以来曾经学过的数理化知识的基本框架，消除你对数理化知识的深不可测的恐惧感，做到心中有底。第二步，朗读复习概念、定理、公式等知识要点。从数学、物理、化学课本的第一页开始，速览式地寻找页面中的粗体字，比如人教版七年级数学课本上的粗体字为蓝色粗体字，这些粗体字，正是你要寻找的数学概念、定理、公式等知识要点，你只要将这些粗体字用心认真仔细地朗读一遍即可。你务必以相同方式，以最快的速度，最集中的注意力，将已经学过的数理化课本上所有粗体字，全部朗读一遍，能记下多少是多少，能理解多少是多少，对于不理解的定义和记不住的内容，不要在意，因为我们后面还会细细复习。通过速览学过的所有数理化知识点，你了解了到目前为止，数理化到底学过哪些内容，在以后学习过程中，如果遇到"拦路虎"，你会大致了解这只"拦路虎"的出处。当你在日后解题过程中，遇到不懂的知识点，你只要将书翻到相应章节，有针对性地复习此章节，这将使你的数理化学习之旅透明化，你会从容自若，不会神色慌张，心中无底。

　③朗读式预习。在你速览过以往数理化所有知识点后，你便可以全身心进行"超越学习"，即预习老师即将要讲授的数理化课本章节。通过大声朗读的方式，逐字逐句预习老师明天要上的内容。读到定理、公式、化学方程式等处，在其下面划下划线，这些下划线的部分，就是日后你要循环记忆的知识要点。当读到例题时，你尝试自主解答例题，然后再细细对照课本例题的解答过程细细研读，这样你会有更多的收获。课后的练习，是你预习环节中必须要独立完成的任务，它检验你是否掌握了本节知识点。做完练习后，将你做的答案与教材的同步辅导书上的标准答案对照，若你的答案出现错误，你可以求助老师、同学、电脑等，直到弄懂为止。课后的习题，也是你在超越学习环节中应该独立完成的，在独立完成习题时，不用抄题，只需要写出题号，将解答过程和答案写在题号后即可。做完习题后，将你的答案与教材的同步辅导书提供的标准答案进行对

照,如有错误,或遇到不会做的题目,再细细思考思考,如确实不会做,则求助老师、同学、电脑等,直到弄懂为止。到此为止,你圆满地完成了今天的超越学习任务。

④将超越学习坚持到底。为了牢牢抓住数理化学习的主动性,超越学习应成为常态化的行动。老师第二天授课的内容,最迟应于前一天晚上预习一遍,预习的方式仍是"超越学习法"。你也可以集中一段时间,全力进行数理化的超越学习,力争用几个星期,完成对本学期数理化课本的超越学习,而且,在日后的寒暑假里,你务必将下学期数理化课本知识全部进行"超越学习",一直坚持到高中毕业,你的数理化学习前景将一片美好。

⑤数理化超越学习的意义。第一,通过超越学习,你提前预习了老师将要讲授的内容,你便牢牢抓住了学习的主动性,在课堂上你不再是被动接受知识,而是心中有底,从容听课。第二,你对老师将要讲授的新课内容充满期待,因为你提前预习了这些内容,你甚至会用一种审查式的视角在听课,"审查"老师以何种方式讲授你已经提前预习的内容,因此,你在课堂上会更加主动、期待和积极。第三,因为你提前预习了一遍,所以,当老师再将你预习的内容讲授了一遍,你对讲授的知识点印象更深刻,记忆更长久,理解更透彻。第四,因为你提前预习了老师授课的内容,你不再害怕上数理化课,相反,你会对上数理化课越来越感兴趣,你会真正爱上数理化课程。第五,因为你尝到了学习数理化的乐趣和甜头,你会更加珍惜这种"超越学习法",你会更加主动积极地运用超越学习法完成今后的数理化学习。第六,数理化的超越学习,所带来的各种优势和成就感,你会自觉地将"超越学习法"迁移到其他学科的学习上,这样,你的其他学科一定能学得更好,你将成为全能型的优秀学生,你会获得更多的成就感和学习兴趣。第七,"超越学习"法的不断运用,使你自学能力日渐强大,培养和锻炼了你的自学能力,激发出你对未知领域的主动求索精神,成为你终身学习的强大武器,成为你人生的

发展动力。第八,当你有一天将"超越学习"法传授给你的同学、弟弟妹妹以及亲朋好友的孩子们,你会让更多的人成就了他们追求和探索知识的梦想,你便成了造福他人的人,你也将收获更多的幸福。

(3)"超越学习"的最佳时机。

"超越学习"的最佳时机是暑假和寒假。很多数理化"大神"都是在暑假和寒假的时候,将下学期甚至下学年的数理化课程全部预习了一遍。其实,只要智商正常,任何人都能够成为数理化的"大神",关键就在于你有没有成功地实施"超越学习"战略。寒暑假学习任务少,是"超越学习"的最佳时期。如果你没有在寒暑假进行数理化"超越学习",那你务必在新学期开学后,要保证在老师讲授某一章节前,完成对这一章节的"超越学习"。没有预习而直接听课,是学习的下下策。对于这一点,你可以通过实验的方式,得到深刻的体会。你尝试着对某一章节按"超越学习"的操作步骤,提前预习一遍,然后你用心体会预习后的听课效果,你将自然而然地体会到,使用"超越学习"模式对数理化进行预习,绝对是数理化学习的制胜法宝。如果你以前没有体会过"超越学习"的优势,也为时不晚,记得寒暑假到来之时,务必将下学期或下学年数理化课本知识"超越学习"一遍。

2.眼耳手口心齐动——实现课堂效益最大化

课堂是数理化学习的主战场。

有一类学生,你看他课下打闹嬉乐,课后也没有闭门苦读,但他的数理化成绩却比较好,其根本原因,是他们在课堂上解决了数理化学习上的一切问题,将数理化课堂的效益发挥到极致。抓住了课堂,就抓住了关键。很多厌学数理化的同学,很明显的一个通病是:上课没精神,甚至打瞌睡,上课听不懂,上课太痛苦。战胜厌学,从听课开始革命——眼耳手口心齐动,实现课堂效益最大化。

(1)课前预习是必须的。

前面讲的"超越学习法",就是为了课前做好预习工作。如果你是在寒暑假的时候预习的,那么,你还得要进行课前预习。某堂数理化课,如果你预习了,你就会心怀期待,心中有数,能够清晰地预测老师下一句会讲什么内容。若在预习过程中,对某个知识点不甚了解,在课堂上,你会对这个知识点分外留意和敏感。师者,传道授业解惑也。如果你没有预习,那你根本不知道本节课堂上何处有"惑",听课的时候,完全是被动的接受,不会有更深的理解和思考,课后才发现好多地方没听懂,但为时已晚,陷入被动。预习不是学习方法,而是课前必做的功课,必须要完成的课前任务。在我国未实行义务教育的时期,普遍存在留级生。人们都会发现这种现象:留级生在留级的那一年成绩会比较好,但升入新的年级之后,他的成绩又会跌入低谷。原因其实很简单,留级的作用等于他预习过,成绩自然会好;但升入新的年级之后,由于他又没有预习课堂的知识,成绩便会下降。据此,我们可以这样断言:预习了的同学,其优势不亚于一名留级生或复读生。事实上,你预习了新课内容,再认真听讲,你等于将新课内容学习了两遍,其效果肯定比只学一遍的人要好很多很多。所以,若想成为优秀的学生,请从预习开始吧。

(2)听课时,眼耳手口心齐动。

很多厌学的学生,已经习惯了厌学的听课方式,听课时,注意力无法集中。当他尝试着战胜厌学,想好好听课之时,却感到相当困难,往往有一种游离于课堂之外的感觉。这时,他首先要放松,始终把目光投向老师,一旦发现目光离开老师,要立即调整。同时,耳朵要紧跟老师的声音,不要错过老师讲的每一句话。手中始终握着笔,对于老师讲的重点,要实时做好笔记。若老师布置了课堂练习题,他要迅速行动,认真思考,努力解答这些练习题,随后,老师会将正确的解答过程讲解一遍,他务必仔细听讲,并与自己的解答过程进行对照。对于课堂上老师讲的内容,要用心强记,争取能够牢固地记在心里。如果对老师讲授的某个知识点有不理解的地方,要用笔快速记录在笔记本上,等下课的时候,向老师请教,直到弄懂为止。课堂上,要特别关注你预习本章节时存在的疑惑点,当老师讲到这个知识点时,你要保持高度期待和警觉。如果你听懂了这个疑惑点,你会如释重负,会产生巨大的成就感。如果还是没有解开疑惑,课后一定要向老师请教,老师一定给你一个满意的解答。只有做到眼耳手口心齐动,你才能实现课堂效益最大化,你的数理化学习才能真正步入良性循环轨道。

(3)下课时要立即评估本节课的效果。

老师宣布下课后,你用2分钟的时间,分析和评估这节课的效果,可以使用打分法评估,满意为2分,基本满意为1分,不满意为0分,并将分数标注在课本相应章节的标题右侧。若评估为"0"分,则要将原因写在分数后面,以便下节课克服。

(4)用精美的作业,向这个世界宣布——我是优等生。

经过预习和专心听课,你完全有能力完成作业,而且要将作业写得非常精美,至少应做到认真、工整、美观,因为优等生就是这样的表现。你已经不是一名厌学生了,为什么不能勇敢地让自己成为一名优等生呢?作业认真,既是尊重老师,也是尊重自己的表现和行动。当老师发现你的改变和进步,一定非常欣慰,对你刮目相看。作业发下来以后,你务必细细查看老师的批改情况,若有错题,你要将错题认真订正一遍,并转录到你的错题本里。

3.彻底偿债,从头学起,系统自学过去未学好的数理化课程

(1)以最快的速度复习以前学过的数理化知识的必要性。

数理化是台阶式的学科,前面知识是后面知识的基础,后面的知识建基于前面的知识。如果对学过的数理化知识掌握得不牢固,必将连累到新知识的学习,你将陷入恶性循环。只有以最快的速度复习完所有以前学过的数理化知识,你才能确保无障碍地学习掌握后面的数理化知识。为此,你必须在紧跟老师授课进度的同时,全力复习过去没有学好的数理化知识。你要做好艰苦奋战的思想准备,更要统筹安排时间,用最猛的火力、最密集的时间安排,在最短的时间内,彻底完成对已学过的初中乃至小学有关数理化知识的复习。

(2)立足课本,从头学起。

教材是最精华的学习目标,只有立足课本,你才能建立起扎实的数理化基本功。很多同学,连课本都没有学透,就忙着做各种练习册,确实是舍本逐末。特别对于基础较差的同学来说,从课本抓起,是必要的,也是必须的。

(3)精读数理化课本,吃透课本上的练习、习题。

先从初一上册数理化课本开始,从第一页开始精读。对于基础不大好的同学来说,为了能够集中注意力,我建议使用"朗读"法精读数理化课本。就像朗读语文课本一样,逐个字逐个字地将数理化课本上的每个字,都一一朗读一遍,朗读的同时,保持思维活跃,要理解性的朗读,每个字、词、概念都要真正领悟和读懂。当读到有关数理化概念、定义、定理、公理、公式时,要用红笔作下划线,并当场背诵下来,或至少能够做到理解性地复述。

(4)研读例题。

数理化课本上的例题,是一切数理化考试的源头和最根本的母题,是你应对一切数理化考试的解题指导、纲领和规范。不重视对例题的学习和研究,是盲目学习的表现,是不会学习数理化的表现。因此,当你复习到课本上的例题时,要保持高度的热情和敏感性,认真研读例题,真正理解和掌握例题,直到你能够轻松做对例题为止。当复习到例题,你不要直接看例题的解答,而是将例题的解答遮盖起来,自己先尝试着在草稿纸上解答这个例题。若经过思考后,不会解这道例题,这时你才认真研读课本上例题的解答部分,直到弄懂为止。最后,你要将例题的解答内容一字不落地摘抄一遍,日后解答类似题目时,就按此规范解题。

(5)准备数理化自习本,认真完成课本上的练习与习题。

买一本厚一点的笔记本,最好是精致一点的那种,因为这本笔记本将是你数理化双线作战的历史记录,多年以后,当你取出这本被你写得密密麻麻的自习本时,你会收获到巨大的成就感和自我感动。当你开始复习或预习数理化时,先在自习本上记录此时的日期和时间。做到课本某一页的例题、练习、习题时,你要将题目的页码和序号记录在自习本上。你要重视课本上的每一道练习和习题,认真解答每一道练习或习题,并将你的答案与教材的同步辅导书的答案进行对照,如果有错误,细细研读正确的解答过程,直到彻底弄懂为止。

(6)稳打稳扎,步步为营,全力以赴,尽快完成"偿债学习"任务。

对于每一章节的复习,在确保朗读了每一个字、读懂并誊抄了每一个例题、做对了每一个练习题之后,再进入下一章节的"偿债学习"。在统筹兼顾好其他各科学习的同时,集中精力和时间,打下"偿债学习"这一攻坚战。当你以这种操作程序完成了对"超越学习起步点"前所有知识内容的复习时,你的"偿债学习"使命胜利结束。如果当初你小学数学也没学好,而且,为此你一直耿耿于怀的话,那你不妨以同样的"偿债学习"模式,将小学一至六年年级的课本精学一遍,你会拥有更大的成就感。当所有的"偿债学习"任务完成后,从此,你只要坚持"超越学习"不放松,你的数理化学习将进入良性循环轨道,而你,已经达到数理化学习的第一层次——全班前十的水平。这时,你可以向数学第二层次发起冲击。

4.冲击数理化学习的第二层次——"后双线作战"模式

当你完成"偿债学习"任务后,你便进入新的数理化学习模式——"后双线作战"模式。"后双线作战"包括"超越学习"和"深度学习"两条战线同时作战,是区别此前的"超越学习"和"偿债学习"两条战线同时作战而言的。也就是说,当你的"偿债学习"模式结束之后,你可以立即启动"深度学习"模式。你一方面继续通过"超越学习"模式来预习老师未上的数理化课程;另一方面,你以"深度学习"模式,拔高你的数理化水平。两条战线依然是同时作战,故称"后双线作战"模式。

（1）"深度学习"的对象是教材的同步辅导书。

为了使你的注意力能全部投入到教材的同步辅导书的阅读过程之中，建议你使用"划线阅读法"或"朗读阅读法"，来精读数理化的教材的同步辅导书。对于教材的同步辅导书上的每一个例题，你需要自己先做一遍，再对照标准答案，这样你的收获会更大。你先要认真独立完成教材的同步辅导书上的每一道练习题，并将你的解题结果与标准答案对照检验。若对照标准答案后，仍存疑惑，这时，一定要向老师、同学或网络求助，直到彻底弄懂为止。

（2）"深度学习"的最佳时机。

对于老师即将要讲授的数理化知识，"深度学习"最理想的前提是：你已经完成了所有的"偿债学习"任务，并同时进行了"超越学习"，当老师在课堂上讲授完这一章节之后，这时，是你深度学习教材的同步辅导书相应章节的最佳时机。对于以往数理化知识的深度学习，最佳时机是寒暑假。当然，如果你轻松地搞掂了新学期所有的学习任务，仍然有时间和精力的话，也可以开展对过去的知识进行"深度学习"。

5.加强课后习题训练，保持两套课后习题量——相对题海战术

很多人把学好数理化寄望于题海战术上，确实，大量的习题训练，能够提高数理化成绩。但是，中学生不仅仅只有数理化，在数理化学习上运用题海战术，会挤占其他学科的学习时间，容易造成偏科。面对中学七八门学科，各科均衡发展才是王道。而且，同一类型的题目做无数遍，也没有太大意义。实际上，课后有两套数理化习题训练就足够了。一套是老师布置的课后作业，另一套由自己到书店选购，比如《全科王》《学练优》《练闯考》等。如果授课老师已经布置了两套课后练习题，那你只需要跟着老师走就行了。两套课后练习构成了你的"相对题海"，只要每一题都能弄懂、做对，你的数理化水平就不用担心了。当然，若你对数理化非常有天分、感兴趣，而且,在搞掂所有学科的学习后,还有精力和空余时间,那你不妨到书店精选一本"培优"、"试验班"之类的高难度的数理化习题集来练习,这不但会提升你的考试成绩,更为你高生阶段的学习奠定坚实的基础。

(三)英语学习技术

很多厌学者,特别讨厌和痛恨英语。这很容易理解。因为英语没有什么好的办法,只有硬啃。问题是,有好多人害怕英语,不是因为怕吃苦,而是因为不知道如何去"硬啃"。其实,英语很容易学,因为只要你反思一下我们是如何习得汉语的,你就很容易找到学好英语的通途。我们都知道,汉语是世界上最难学习的语言之一,我们中国人连汉语都能学会,何惧英语乎?

1.反思我们习得汉语的流程,探索学习英语之道

汉语是世界是最难习得的语言之一。汉语的复杂和难学程度远大于英语。我们不妨将汉语与英语作一简单对比。

汉字由笔画构成。英语单词由26个英语字母构成。汉字的基本笔画有八种:点、横、竖、撇、捺、挑、折、钩。其中,点分为五种——侧点、垂点、撇点、挑点和长点,横分为三种——长横、短横和斜横,竖分为三种——垂露竖、悬针竖和斜竖,撇分三种——平撇、斜撇、竖撇,捺分两种——斜捺和平捺,挑分两种——平挑和斜挑,折分为五种——横折、竖折、横撇、撇点、横折弯,钩分为八种——弯钩、卧钩、横折钩、竖弯钩、横折弯钩、横撇弯钩、横折折钩、竖折折钩。综合在一起,汉字总笔画数有31种之多。笔画组合成汉字方式有三种:相离、相接、相交。笔画首先组合成偏旁。偏旁是由笔画组成的构成汉字的基本单位。偏旁组合方式有8种:上下结构、上中下结构、左右结构、左中右结构、全包围结构、半包围结构、穿插结构、品字形结构。汉语字典编纂时把相同偏旁的字编在一起,称为一部,并且把这个相同的偏旁叫标目,列为首字,这就是部首。东汉人许慎《说文解字》列出540个部首,以后逐渐减少,《现代汉语常用字表》列出201个部首。查汉语字典首先要查偏旁部首,然后再根据笔划数查到该字所在的页码,最后才能查到这个汉字。而查英语字典只需要按26个英语字母顺序查找即可。汉字可分为独体字和合体字。独体字只有一个部件。合体字有多个部件,根据部件与部件的方位关系,合体字结构主要有12种:左右结构、上下结构、左中右结构、上中下结构、右上包围结构、左上包围结构、左下包围结构、上三包围结构、下三包围结构、左三包围结构、全包围结构、镶嵌结构。而英语单词永远只是数个英语字母的组合。

仅仅通过比较汉字与英语单词的构成方式,我们就能洞察到学习英语和学习汉语之间的难易差别。如果再比较两者的读音、语法、演化历史等,汉语的难学程度简直令英语望尘莫及。我们连汉语都学会了,只要我们能够稍稍用点功夫,掌握英语简直易如反掌。反思我们如何学汉语,然后将学习汉语的流程迁移到学习英语之上,我们将很快学会英语。

我们有必要分析中国的小孩子学习汉语的流程。一个婴儿,先从父母那儿学会一些简单的称谓、物名和口语,使小孩在大脑里建立了事物与汉字的一一对应的条件反射和记忆思维过程。随着年龄的增长,小孩子掌握了大量的词汇和口语,等上学后,学会了汉字的书写、发音、语法等规范,也就掌握了汉语的使用。我们可以把汉语的学习过程归纳为三个步骤:先学会表征事物的字词,再说会日常用语,最后系统学习汉语词汇、读音规则、语法、写作等等。学习英语的方法或流程也是如此:先要学会英语基本词汇,再说会英语基本口语,最后再系统学习英语词汇、读音规则、语法、写作等。

很多厌学英语的同学,不是因为学习能力差,而是没有了解学习英语的基本流程,不知道如何学习英语。很多同学也曾尝试着努力地学好英语,但由于没有掌握正确的方法,经过一段时间的努力之后,因为没有明显的进展而感到心灰意冷,最后对英语学习产生厌倦甚至恐惧。实际上,只要对这些同学进行英语学习方式的校正,他们会很快取得英语学习的显著成效。

借鉴汉语学习原理,建议初中生掌握学习英语必备的6个流程:熟练掌握国际音标、记诵课本的单词与核心课文、每天训练听力不少于10分钟、掌握英语语法、围绕书本练写英语作文、大胆秀出英语口语。

2.熟练掌握国际音标

熟练掌握国际音标是初中生学习英语的第一个台阶。

预习时,你首先得学会音标,否则你无法读出生单词的正确发音。而且,音标可以帮助你记住单词的拼写。因为英语是"见字知音"的语言。

初一上学期,老师一般会系统教学生英语国际音标,如果你没有学会,那你只有通过自学的方式,系统掌握英语音标。也可以找家教老师、上网搜网络音标教学视频进行自学。

总之,不学会英语国际音标,你就没有资格学习初中英语。或者说,你很难学好初中英语。

3.记诵课本单词与核心课文

每天清晨坚持记诵英语30分钟。半小时的诵读内容分为三个层次。

第一层次:在学单元跟踪诵读。

第二层次:本册课本顺循环读。

第三层次:以往课本逆循环读。

记诵英语单词时,采用"英汉互译三步骤"诵读记忆法。

记诵英语课文时,采用"逐句理解"串联诵读记忆法。

刚开始诵读速度必然慢一些,你也许并不能够在半小时内记诵三个单元英语单词和课文,所以,一开始能够完成第一层次就足够了。但只要坚持诵读,随着对单词和课文的熟悉,你的诵读速度会越来越快,每天半小时三层次诵读任务,一定能圆满完成。

4.每天训练听力不少于10分钟

午休和夜晚睡觉时,当你躺在床上那一刻,是你训练英语听力的最佳时机。平时我们难得有英语听力的环境,所以,睡前10分钟的英语听力练习非常重要。打开录音机,播放英语课本配套磁带录音,你在英语听力的环境中,不知不觉进入梦乡。若能坚持不懈,你的英语听力水平会越来越好。

当然,你也可以在周末或假日有空时,欣赏英语原声影片或英文歌曲,这些都是训练英语听力的良好途径。

5.日积月累掌握英语语法

英语语法在于积累。平时英语老师讲的每一个语法知识点,应当记在笔记本上,反复强记于心。课本上有专门系统介绍英语语法的章节,应当循环强记。到书店找一本质量好一些的语法小册子,每天摘记五分钟,摘记到你的《口袋本》上,利用零星时间循环记忆掌握。

6.每周练写一篇英语作文

结合老师讲授课文的主题,每周利用周末的时间练写一篇英语作文。刚开始时,若无从下笔,不妨直接抄袭一篇范文,但一定要背诵于心。也可以到书店买一本关于英语作文训练的书,每周练写一篇。抄写英语作文时,一定要做到字迹工整,养成规范书写英语的习惯,这将使你受益终生。

7.大胆秀出英语口语

结合当前正在学习的英语课主题,每天寻找时机秀出你的英语口语,大胆使用英语口语表达出你的思想、情感和态度,最好的听众是你的同学和家长。你一定要找一位志同道合的同学,互相练习英语口语。同时,积极参加学校的英语角。如果实在没有听众,就拖你的爸爸妈妈当听众吧,再也没有比爸爸妈妈更加忠实的听众了。万事开头难,重在开口第一次。只要你勇敢迈出第一步,大胆秀出你的英语口语,你的英语水平将突飞猛进。你不妨先从最简单的英语口语着手,或者干脆将你刚学的几句英语口语直接贩卖,再渐渐地创造性地加以发挥,慢慢地,你会说出越来越顺溜的英语口语。

(四)、政史地生学习技术

初中政治、历史、地理、生物四门课程的知识,是人一生中所必备的。这四门课程虽然是背诵记忆性的学科,但都应该建立在理解的基础上,才能够真正掌握。以下四个环节,将助你快捷学好政史地生四课程。

1.“三习三读三练”技术

“三习”是指:寒暑假预习、课前预习、课后复习。

“三读”是指:寒暑假预习时朗读课本、朗读教材的同步辅导书,课前预习时朗读课本。

“三练”是指:寒暑假完成课本后的练习题、寒暑假完成教材的同步辅导书相应章节后的练习题、课后复习时完成同步练习题。

(1)寒暑假提前自学预习政史地生。

在寒暑假时,每天朗读政史地生课本各半小时,用铅笔将你认为重要的知识点或可能会成为考点的部分,作下划线。在《超越学习记录本》上认真完成课后习题,并校对答案。

在寒暑假时,当朗读完政史地生课本后,你接着朗读政史地生教材的同步辅导书,用铅笔将你认为重要的知识点或可能会成为考点的部分,作下划线。同时,完成教材的同步辅导书上的同步练习,自行校订答案。

(2)课前预习政史地生。

查看课程表,若明天有政史地生课,当天晚上逐字逐句朗读课本,要略超老师的进度。

(3)课后复习政史地生。

政史地生课后复习时,要认真完成老师布置的练习,若老师没有额外的练习,你可以到书店选购《学练优》之类的同步练习,认真完成当天课堂涉及的相应练习题。

2.考点摘录技术

为什么很多初中生政史地生成绩不好,根本原因在于没有抓住考点。考点摘录技术将助你轻松抓住政史地生的考点,从而能够确保在考试中有备而战。

(1)寒暑假提前自学预习阶段划重点。

寒暑假每天诵读政史地生课本时,用铅笔将你认为重要的知识点或可能会成为考点的部分,作下划线。课本诵读完成后,你接着读政史地生教材的同步辅导书时,用铅笔将你认为重要的知识点或可能会成为考点的部分,作下划线。

(2)课后复习阶段将政史地生划线重点筛选摘录为考点。

政史地生课后复习的核心任务是将当天老师授课的重要知识点整理转化为考点。首先逐字逐句朗读当天课堂笔记,对笔记上的要点或考点,作下划线。再将课本和教材的同步辅导书上的划线重点转化为考点,将当天课堂知识点考题化,并抄录入《政史地生考点自编题集》。你可以参照课后习题和教辅上的习题,对课本、笔记本、教辅上划线部分的知识点进行整理和筛选,按填空题、简答题和论述题三大类型,将其中的重点知识点改编为考题。知识点转化为考题时,尽量一一对应,不要一点多题,以免增加背诵负担。对于地理、生物、历史课本的重要的图,你可以尝试自己画在《政史地生考点自编题集》上,也可以复印后,把复印的图粘贴在《题集》里,参考教材的同步辅导书及同步练习上的涉图题型,自主设计图形题,力求理解与掌握图形题所涵盖的知识点。

(3)结合平时考试更新升级《政史地生考点自编题集》。

平时在单元测试、期中期末考试、中考模拟考试的过程中,会有更好的题型及题目等待你去收录。因此,你要不断对你的《政史地生考点自编题集》进行更新和升级,力求拥有最有代表性、覆盖最广的考点题集。

3.政史地生考点背诵技术

(1)平时每周"两轮循环背诵"技术。

注重平时对政史地生的巩固背诵,千万不能等到考试逼近的时候再"临时抱佛脚"。建议每周每门课程背诵时间为一小时,分成两个时段,每个时段为30分钟,安排在每个星期的星期一到星期六晚餐后的半小时,以及星期天晚餐后的一小时。即:周一、周五晚餐后半小时背诵《政治考点自编题集》,周二、周六晚餐后半小时背诵《历史考点自编题集》,周三、周日晚餐后半小时背诵《地理考点自编题集》,周四晚餐后、周日晚餐半小时之后背诵《生物考点自编题集》。只要坚持不懈,政史地生的考点在平时就能记忆牢固,加上考试前夕的突击背诵,夺取高分是情理之中的事。

(2)考前的突击背诵。

对于政史地生这样的学科,若想取得好的考试成绩,考前突击背诵是必不可少的。越临近考试,政史地生背诵的效果越好。不同类型的考试,有不同的考前突击背诵策略和时间安排。对于单元测验这样的小考,在考前一星期内进行突击背诵。对于期中考试,应在考前两星期内进行突击背诵。对于期末考试,应在考前3星期内进行突击背诵。对于中考,应于考前1个月进行突击背诵。突击背诵期间,每天至少抽1小时去突击背诵该考试学科。背诵内容仍然是《政史地生考点自编题集》。背诵时,以句为单位,采用复述背诵法,背会每句后,再根据各句之间的逻辑关系,直到能将考题的答案完整复述为止。考前的突击背诵,要一直坚持到进考场为止。

第五章 初中生学习的环境力校正

环境,指周围的一切事物、情况和条件。

学习环境,是指保障学习活动能够顺利进行的外部条件。

学习的环境力,是指学习环境的整体功能对学习活动的促进水平,也指学生适应、优化和改造自身学习环境的能力。

初中生学习的环境力,也可以称为初中生学习的外动力。

初中生学习的环境力校正,是指帮助初中生适应、优化和改造其学习环境,并激发其自身学习环境力的构建、维护和发展。校正了初中生的学习环境力,便解决了初中生"能学习"的问题。

一、打造健康的体魄,保持充沛的精力

身体安康、精力充沛是学习最基本的生理条件。为此,初中生要做到以下五个方面。

(一)筑牢安全意识,免遭意外伤害

初中生正值青春期,往往好动、好胜、好奇、爱冒险,很容易使自己的身体遭受意外伤害。我国每年大约有1.6万余名[①]中小学生非正常死亡,中小学生因安全事故、食物中毒、溺水等死亡的,平均每

[①]参见郑晓江:《从生命教育兴起的背景看中国生命教育的特色》,《思想理论教育》2007年第10期。

天有40多人①,也就是说,每天将有一个班的学生在"消失"。另外,中小学生因伤致残的悲剧也时常在我们身边发生。我邻居家的小男孩在9岁时,自己在家用小刀裁纸时,划破了自己的左眼,致使左眼失明,并因住院治疗而被迫留级一年。因此,初中生一定要强化安全意识,提高自我保护、自救和防御能力,提高个人素质,远离打架斗殴,杜绝打闹起哄,防溺水,防火灾,防触电,防侵害,与陌生人保持距离,不同社会闲杂人员交往,努力学习,珍惜生命安全。

(二)加强体育锻炼,坚持天天运动

生命在于运动,健康来自于锻炼。因此,初中生必须天天运动。建议初中生每天放晚学时,在学校的操场跑1000米,周末放假或寒暑假时,每天至少抽半小时用来打篮球、羽毛球、乒乓球或进行慢跑等。雨雪天不方便室外运动时,就进行室内运动,如俯卧撑、仰卧起坐、跳绳、高抬腿、跑楼梯等。

(三)注重饮食健康,确保营养均衡

俗话说,病从口入。因此,初中生务必不挑食,不贪食,远离垃圾食品,注重自身的饮食健康。一日三餐定时定量,注重荤素搭配,确保营养全面均衡。切记,吃饭不仅为了满足口味和食欲,更是为了满足身体的能量和营养需要。少吃零食、夜宵,正餐吃饱吃好。

平时多喝白开水,少喝饮料,更不能直接喝自来水。注意个人卫生,不要用别人的水杯喝水。

(四)作息规律有序,保证充足睡眠

制定并严格执行每天的作息安排表。每天保证8小时睡眠。准时起床,准时上床睡觉,养成有规律的作息习惯。坚持午睡,确保下午和晚自习精力充沛。

①参见林业:《信息技术为中小学校园安全保驾护航》,《中国教育信息化》2011年第20期。

(五)衣服勤换勤洗,讲究个人卫生

饭前洗手,饭后漱口,勤洗澡,勤换衣,定时打扫个人生活和学习空间,将讲究卫生习惯化、本能化,让疾病远离自己。

二、遵纪守法遵德守礼,构建和谐人际关系

初中生拥有良好的人际关系,既是自身内心和谐的体现,也是每天心情舒畅的保障,更是自己重要的人力资源环境。初中生与家人、同学、老师建立起和谐的关系,便能消除孤独感,产生安全感,保持情绪的平衡和稳定。否则,他就会感到孤独和压抑,进而影响学习、生活,影响初中生的心理健康。

(一)交通信号灯的启示

繁华的都市,人流如织,车流如潮,若没有交通信号灯,则人人自危,交通瘫痪。交通信号灯给我们的启示是:生活中必须有规则,且人人必须遵守规则,否则,社会将陷入混乱之中,人人将失去安全和自由。纪律、法律、道德、礼仪正是人与人之间相处的"交通信号灯",是社会必备的规范。

(二)遵纪守法保平安

纪律,指为维护集体利益并保证工作进行而要求成员必须遵守的规章、条文。纪律作为一种人们的行为规则,要求一定集体成员必须遵守。没有规矩,不成方圆。若没有纪律的约束,一个集体将因丧失规范而土崩瓦解,更谈不上集体任务和目标的完成。违反纪律,必受相应规则的惩戒。初中生要认真遵守学校、班级的各项纪律,如果是团员,还必须遵守团规团纪。

法律,由立法机关制定,国家政权保证执行的行为规则。初中

生应认真学习《未成年人保护法》、《预防未成年人犯罪法》、《教育法》和《义务教育法》，应该初步了解《宪法》、《刑法》、《民法》、《消费者权益保护法》、《道路交通安全法》、《道路交通管理条例》和《治安管理处罚条例》等法律法规，了解公民的基本权利和义务、什么是违法犯罪、什么是消费者的权益，了解教育的重要性，知道怎样做才能成为一名合格的中学生和守法的公民。

遵纪守法是每个公民应尽的义务和职责。遵纪守法，可保一生平安，违法乱纪，必将身陷囹圄。初中生要牢固树立遵纪守法的意识，学会用法律保护自己，更要自觉遵守法律。

(三)遵德守礼受欢迎

道德，是社会意识形态之一，是人们共同生活及其行为的准则和规范。与依靠国家强制力保障实施的法律不同，道德是一种心灵的契约，只能靠人们自觉遵守。

礼仪是人类为维系社会正常生活而要求人们共同遵守的最起码的道德规范，它在人们长期共同生活和相互交往中逐渐形成，并且以风俗、习惯和传统等方式固定下来。对个人而言，礼仪是一个人的思想道德水平、文化修养、交际能力的外在表现；对社会来说，礼仪是一个国家社会文明程度、道德风尚和生活习惯的反映。

遵德守礼既是初中生应尽的义务，也是其立身处世的基本要求。孔子说过："不学礼，无以立"，初中生只有遵德守礼，才能内修德性、外塑善形，其言行举止才能合乎人际交往规范，才能既尊重他人，又能够彰显自我良好的道德修养，才能构建和谐的人际关系，从而使自己成为受欢迎的人，为自己的学习创造出一个和谐的人际关系环境。

在日常学习生活中，初中生要遵循以下礼仪。

1.在校礼仪

（1）进出校门礼仪。

一是骑车进出校门时,应主动下车。

二是遇见老师和同学,应说"老师好"或"同学你好"。

三是在校必须穿校服、佩带校卡。

四是尊重门卫,尊重校园保洁工人,在校园内微笑面对他人。

五是学生不得携带手机、游戏机、平板电脑进入校园。

（2）听课礼仪。

一是值日生应在每节课前擦净黑板,若值日生缺席,其他同学应主动在课前擦净黑板。

二是当老师走进班级,宣布"上课"时,全体学生起立、行礼,齐声道"老师好"。

三是当学生上课迟到,进教室时先喊"报告",得到老师的同意后,方可进入教室。

四是当学生遇到急事想出教室,应当先举手,起立,向老师报告后,经过老师的同意,方可出教室。

五是当学生向老师提问,或想回答老师的问题时,应当先举手,经老师同意后,先起立,再回答。

六是学生上课时,不得做小动作,不得交头接耳,专心听讲是学生对老师最好的尊敬方式。

七是上课时,学生应保持姿态端正,杜绝吃零食,更不得离位走动。

八是当老师宣布"下课"时,全体学生应起立,并整齐地向老师道一声:"谢谢老师"。

（3）敬师礼仪。

一是教师节时,班长应代表全班同学,向老师献花或全班同学签名的自制的祝福卡片,并代表全班同学向老师道说一声"祝老师教师节快乐"。

二是当学生进入老师办公室时,先喊"报告",得到老师的同意后,方可进入老师的办公室,在老师办公室时,不得翻动老师物品。

三是当学生有问题向老师请教时,应立正微笑着向老师说明来意;和老师讲话时,应正面对着老师,认真听老师讲话,告别时应当礼貌地向老师说一声"谢谢老师"。

四是学生对老师衣着和外貌不得评头论足,不得给老师取外号,尊重老师的人格和个人习惯。

五是学生不得直呼老师姓名,更不得顶撞和辱骂老师。

(4)仪表衣着礼仪。

一是学生衣着朴素、得体,不得炫富追名牌。

二是学生必须佩戴校徽,团员应佩戴团徽。

三是学生在升旗、开学、结业等重大集会时,应穿校服。

四是仪容服饰整洁、大方,切合学生身份。

五是男生不得留胡须、蓄长发、染发、烫发,不得纹身。

六是女生不烫发染发,不画眉毛、涂口红、描眼圈、涂指甲,不戴金银首饰,不穿超短裙,不得穿高跟鞋、拖鞋。

(5)会议礼仪。

一是当学校集合时,学生分班整体有序按时进入场地指定地点,入场时保持安静、整齐,集会过程中,全体同学坐姿端正,保持安静,认真听会。

二是当升旗时,全体同学肃立、脱帽,并向国旗行注目礼。

三是在开学、结业或举行其他重大集会时,参会同学应准时整队入场和退场,保持会场安静,不得随意说笑,不得交头接耳和来回走动,要保持专注。

四是在上台发言、领奖或表演时,走路稳重从容,按指定路线上台,在台上站姿端正,接受奖品和奖状时,应双手捧接,微笑向颁奖者致谢,然后高举奖状向全场示意。

五是与会同学要遵守秩序,专心听讲,不得交头接耳,不得随意谈笑,更不得起哄喊叫。在介绍领导或嘉宾时,在颁奖时,在领导讲话结束时,热情报以掌声以示致敬、欢迎和庆贺。

六是会议结束后,注意恢复会场原有的清洁和秩序。

(6)爱护环境卫生礼仪.

一是注意保持校园整洁,不在教室、楼道、操场乱扔果皮纸屑。

二是不得随地吐痰,不得乱倒垃圾。

三是不得在黑板、墙壁或桌椅上乱涂乱画乱刻。

四是爱护学校一草一木,爱护公共财物。

五是将自行车存放在学校指定摆放地点,注意排列整齐。

六是若发现路上有显眼的垃圾,积极行动,将垃圾丢进垃圾桶。

(7)课后礼仪。

一是课间休息时,不得大声喧哗,不得互相追跑打闹。

二是课间不做有危险性的游戏活动。

三是值日生在课间提醒同学保持班级清洁,并擦好黑板。

(8)同学之间礼仪。

一是珍惜同窗之谊,同学间相互帮助,谈话注意使用礼貌用语,不得恶语伤人。

二是不得讥讽同学的生理缺陷,不得给同学乱取绰号。

三是同学之间不得搞小团体,不拉帮结派,不做影响同学之间团结的事。

四是尽量不找同学借钱,若借了同学的钱物,应当及时归还,信守承诺。若损坏了同学的物品,应主动赔偿。

五是男女同学保持纯洁的同学友谊,杜绝早恋。

2.在家礼仪

(1)家庭成员之间礼仪。

一是记住家庭成员的生日,生日时要道一声"生日快乐"。

二是在任何场合和地点遇见长辈时,要主动热情问候。

三是上学出门前注意梳头整装,离开家门时,向父母道别。

四是放学回家后，要问候父母。

五是要孝敬父母，勤俭节约，帮助父母做自己力所能及的家务活。

六是若有家人生病，要积极关怀和照料。

七是当父母教诲自己的时候，应虚心专注倾听，不得与父母顶嘴。

（2）家人之间信件礼仪。

一是与家人通信时，注意使用礼貌用语。

二是字迹工整，格式规范。

三是正确使用问候语。

四是主动定期打电话或写信问候在外工作的家人。

（3）待客礼仪。

一是当有客人进门后，热情迎客，主动打招呼、接待。

二是热情让座、倒茶，敬茶时，要用双手端稳。

三是主动回避客人与父母的交谈，更不得随便打断和插话。

四是若老师家访，应热情主动接待老师，当老师与家长谈话时，应恭敬地站在老师身旁，静听谈话内容。

五是送客时，要等客人先起身后，自己才起身送别。

六是当有亲人、老师或同学患病时，应主动探望，探望时注意保持轻松、温暖的气氛，使病人心灵上得到最大安慰。

七是若有亲朋好友在学习和工作上取得了好成绩时，应当主动道贺。

八是若有亲戚朋友去世需要凭吊时，要注意穿素装，不可穿大红大绿等鲜艳的衣服，吊唁时，态度要庄重严肃，切忌大声谈笑。

（4）接听电话礼仪。

一是给别人打电话时，要记清电话号码，若拨错电话号码，应立即向对方说"对不起，我拨错号码了"。

二是当对方接通电话时，应自报姓名，注意使用礼貌称呼。

三是在通话过程中,注意保持语调柔和,吐字清楚,切忌哆嗦。

四是当通话结束时,应向对方道"再见"。

五是当接到别人打来的电话时,应先说"您好",再说"我是某某某,请问您找谁?"若对方想让别人接电话,应礼貌地说:"请您稍等,我去叫他"。如果要找的人不在,则对对方说:"对不起,他不在,请问我能帮你什么忙吗"等礼貌语言。

3.公共社交场合礼仪

(1)交谈礼仪。

一是注意使用普通话与人交流,注意使用文明礼貌用语,如:"请""谢谢""很抱歉""打扰了""对不起"等。

二是交谈时,态度诚恳亲切,注意使用谦逊文雅的话语,说话时,注意嗓音大小适当,使用平和沉稳的语调。

三是注意说话时掌握分寸,要真诚、友善、客观、热情。

四是公共场所使用手机、听音乐、看电影时,一定要用耳机,杜绝产生噪音。

(2)形体礼仪。

一是注意保持端庄的站姿和坐姿,切记站有站相,坐有坐相,站立时保持头正、面容平和自然,保持微笑,双肩放松,挺直躯干,双臂自然下垂于身体两侧,两腿站直;入座要保持轻松沉稳,两肩放松平直,上肢自然挺直,两膝自然并拢,离座时轻松沉稳,动作幅度不要过大。

二是自信从容,举止稳重,克服"冒冒失失"的行为。

三是注意使用有礼貌意义的动作,如:握手、点头、举手致意、起立、欠身、鼓掌等。

四是保持公共卫生,讲究个人卫生,打喷嚏时,避开人多场合,并用手捂口。不当众搔痒、抠鼻等,防止体内发出各种声音,切忌随地吐痰,吐痰必入盂。

（3）就餐礼仪。

一是用餐前必须洗手。

二是待主人示意后，才开始就餐。

三是用餐过程中，要保持动作文雅，夹菜注意文明，要细嚼慢咽，不得挑食，不发出过大的不必要的响声。

四是用筷时要切忌敲筷、刺筷、签筷、叉筷、游筷、吮筷、挥筷、舞筷、插筷等。

五是就餐结束后，用餐巾、餐纸擦嘴时，使用正确的动作。

六是退席时，要对同桌就餐的人道一声"请慢吃"。

七是在餐厅食堂就餐时，要排队礼让，爱惜粮食，恪守"光盘行动"。

（4）出行礼仪。

一是走路时走姿端庄，做到二目平视，步幅适当，从容自如。

二是恪守交通规则，骑车进入学校或单位大门时，应主动下车，尽量不要鸣车笛，在人多的地方，要下车推行。

三是骑车时不与同学并排或搭肩，不得互相追逐竞驶，注意安全。

四是乘车时排队购票、上车，遵守秩序，遇到老弱病残孕时，要主动让座，要在到站前，提前做好下车准备。

五是问路时，应当使用礼貌用语。

六是在公交、地铁、飞机上不得大声喧哗、高谈阔论，接听手机声音要小，听音乐、看电影时，一定要用耳机。

（5）公共场所礼仪。

一是日常生活中遇见师长、邻居、长辈等熟识的人，应主动问候"您好"。

二是邻里之间互谅互让，以礼相待，相互帮助，不打听别人私事。

三是在景区旅游参观时，要爱护公物，维护景区环境卫生，礼让他人,关爱他人,主动为他人提供方便。

四是观看演出时,保持安静,遵守观演规则,不乱扔果皮纸屑,禁止四处走动,禁止高声喧哗。

五是进入博物馆、图书馆、阅览室时,遵守场馆秩序,爱护公物,衣着规整,举止文雅,保持安静,就座时移动椅子要轻缓无声,不得争抢座位,大声喧哗。

六是借阅书刊要爱惜,不得损坏书刊,不得在书刊上作任何笔迹记号,并记得按期归还。

(6)上网礼仪。

一是网络聊天注意文明用语,虽然网络是虚拟空间,但网络上的人都是现实中活生生的人。

二是不得将自己或家人的个人资料透露到网络中的陌生人。

三是不得浏览非法网站。

四是每次上网不得超过1小时。

五是杜绝上网玩大型的网络游戏。

三、美化学习环境,打造书香空间

初中生应该拥有独立的学习空间,最好能拥有一个属于自己的书房,一个科学布局、书香氛围较浓的书房,对于初中生学习意识的觉醒、学习欲望的激发、学习效率的提高,都是非常有帮助的。

(一)精心布置书房

书房需要配置舒服的书桌、学习凳、台灯、书橱、书架等硬件,最好能根据初中生看书的喜好进行选购。记住,书房是学习的场所,是文化活动的空间,要充满书香味,弥漫高雅气息。

墙面布置包括:世界地图、中国地图、省市地方地图,中国历史纪年表、世界历史纪年表,化学元素周期表,各门学科的知识要点等,个人的作息安排表、课程表,最喜爱的名言、名句、格言、座右铭等,最崇拜的伟人画像,等等。

若书房布置的效果好,便能促进我们高效地学习,每当进入自己喜爱的书房,自然而然便产生一种学习的冲动,使自己能够凝神静气,高效学习。

(二)保持整洁美观

初中生应每天自己收拾和打扫书房,保证书房干净整洁美观。要注重从细节处养成条理性和严谨性,要科学合理地摆放自己的学习物品,书本文具要及时归位,摆放井然有序,便于自己迅速取用,节省时间,提高效率。

(三)净化学习空间

书房的隔音效果要好,同时,保证书房的灯光、温度、湿度、空气质量的适宜性。

初中生要保持书房功能的单一性。书房只能用来学习,不是进行娱乐交友、休闲放松的场所。要将与学习无关的物品清除,比如零食、手机、电视、电脑、漫画书、消遣小说等要谢绝入内。一到书房中,要立即净化自己的心灵,一切干扰学习的物品存在,都会影响自己的学习专注度。

对于住校的初中生,应与室友一道,将宿舍打造成书香弥漫的学习空间。

良好的学习空间,优美的学习环境,容易形成专心学习的心理定势,一进入这个环境,人的整个身心就进入了专注的学习状态。

四、净化朋友圈,结交三好生

近朱者赤,近墨者黑。

看他的朋友,就知道对方是个什么样的人。

勿与小人为朋,否则,久而久之,你也成为小人。

爱学习的人,只能与爱学者成为朋友。与不爱学习的人交朋友,久而久之,你会在潜移默化中受他的影响,也会成为不爱学习的人。

初中生正值青春期,很容易受同龄玩伴的影响,若交友不慎,会终身遗憾。当发现自己身边的朋友,是一位不爱学习的人,或者,当某位朋友,变得不爱学习了,在你通过努力而无法改变他时,你必须毅然决然地与他保持距离。当然,你要做得非常得体,不要伤害到他人的自尊心,更不要得罪对方,初中生要开始学会如何完美老练地处理自己的个人事务了。

净化自己的朋友圈,实际是净化自己的学习环境,让自己有一个积极向上、好学乐学的学习环境。除此之外,你应该多多交往一些学习优秀的学生,特别要与班上的三好生多多交往。冰冻三尺,非一日之寒,你通过与三好生们的接触了解,你会从他们身上学习到很多东西。学习别人的长处,避免他人的短处,校正自己的不足,长期坚持,你一定会成为一名优秀的学生。

五、父母言传身教,打造和谐的家庭环境

家庭环境是初中生学习的重要因素。

家庭是人类成长的第一课堂,对学生的心理健康起着不可低估的作用;家庭是初中生学习、生活、活动的主要场所,其作用不可忽视;家庭是使孩子养成良好的习惯,培养优秀品格和高尚道德的第一个基地,对学生的影响很大。家庭是孩子的港湾,是孩子健康成长的坚实后盾,正如卢梭所言,良好的家庭氛围是抵制坏风气毒害的最好良剂。

1.负能量的家庭,对孩子成长有不利影响

(1)贫困家庭。

贫困家庭指因疾病、灾难、残疾等原因,导致家庭经济条件差的家庭。这类家庭处于社会弱势群体地位,家庭经济拮据,甚至温饱问题都难以解决。这类家庭成长的孩子容易产生自卑感、不安全感和恐惧感,内心敏感,心存戒疑,胆小怕事,疏远集体。

(2)骄奢家庭。

有些家庭非常富裕,但家长财大气粗,孩子从小耳濡目染,往往自恃有钱,目空一切,没有学习的动力,不思进取,娇生惯养,好生事端。

(3)不和家庭。

夫妻因各种原因,关系不和,经常吵架、冷战。这种家庭长大的孩子,极度缺乏安全感,自卑胆怯,不易融入群体。

(4)离异家庭。

离异家庭,因父母离婚,孩子感受不到完整的父母之爱,使他们幼小的心灵遭受难于愈合的创伤,认为自己是个令人讨厌的孩子,认为自己是父或母不要的弃儿。虽然有的孩子随父母的一方生活,但他们总觉得这个家不完整,没有安全感。离异家庭中成长的孩子一般性情冷漠,胆小怕事,爱钻牛角尖。

(5)重组家庭。

重组家庭是父母离婚后各自重新再婚后重新组合的家庭,这类家庭成员结构复杂,家庭矛盾重重,父母之间、子女之间容易发生冲突,甚至容易发生家庭暴力。这类家庭的父母对孩子往往关心不够,有时处事不公,对孩子的教育相互推诿。孩子与父母缺乏相互理解,彼此缺乏沟通。复杂型家庭中成长的孩子比较敏感,家庭观念淡漠,疏远集体和老师,往往和他们的"小伙伴"情投意合,很容易违法犯罪。

（6）权势家庭。

有些家庭的家长有权有势，孩子从小倍受追捧，在奉承、娇宠中长大，往往倚仗家长的社会影响力玩世不恭，胡作非为，只爱表扬，难容批评，目中无人，自持清高，缺乏集体观念，互助友爱精神缺乏，容易产生不良道德行为。

（7）溺爱家庭。

有些家长对孩子过度娇宠溺爱，过度保护孩子，为孩子包办一切，压抑了孩子的主观能动性，久而久之，孩子变得依赖性强，顺从退缩，没有主见，独立能力差，不懂得行为准则和道德规范，自以为是，独立意识差，心理脆弱，任性蛮横。

（8）留守家庭。

父母长期在外打工、经商，这在农村较为普遍。这类家庭对留守儿童或留守青少年来讲，家只是栖身之所，父母无暇顾及孩子的成长，放任自流，使他们小小年纪就掌管家门，担当大人的角色。在这种类型家庭成长的孩子，独立意识较强，但行为缺乏教导，情感沟通缺失，很容易受到社会的不良影响，极易养成独断专行、我行我素的个性。

（9）恶习家庭。

有些家庭因父母文化层次低，素质差，品行恶劣，孩子从小近墨者黑，深受家长的感染，从小恶习满身，性格暴躁，甚至有暴力倾向。

父母是孩子第一任老师，家庭是孩子的第一所学校，家庭教育的最好方式是言传身教。父母的言行举止，在潜移默化中，能影响孩子的一生。父母一定要树立这样的意识：若想自由散漫，则不要生儿育女；若已生儿育女，则必须脚踏实地，从头学起，学会如何成为合格优秀的父母，为孩子创造一个和谐幸福的家庭环境。当你希望孩子具备好品质，必须从你自己做起，自己首先要具备好的品质，用自己的言行去影响、引导和感化孩子。

2.真善美的家风,是孩子一生发展的最大福利

家风往往会烙入孩子心灵,彰显在孩子的品行上。当孩子出现各种负面问题,做家长的最好先扪心自问:孩子的错,我是不是有责任? 在教育孩子之前,先做好自我教育。你若真善美,孩子才有可能真善美。父母自身是假恶丑,还有何资格要求孩子真善美呢?

所以,告诫天下所有未成为父母者,若想成为父母,必先学好真善美——如果你想未来有一个真善美的孩子的话。

父母的价值观往往对孩子产生直接影响。因此,父母平时要注意言谈举止,不要将一些庸俗的价值观念和负能量的东西展现和传递给孩子,要在孩子面前高调歌颂知识和学习的重要性,要高调歌颂真善美,并让真善美成为自己的家风。

3.温馨和谐的亲情,是孩子健康快乐成长的精神港湾

温馨和睦的家庭有利于孩子身心健康成长,能给孩子足够的安全感,让孩子心无旁骛地投入到学习中去,因此,父母要努力为孩子构建一个温暖、和谐的家庭环境。夫妻之间要相互尊重,相互理解,即便发生矛盾也不要当着孩子的面争吵,以免让孩子因此感到焦虑和不安;父母要多和孩子沟通,尊重孩子,成为孩子最信任的好朋友。只有这样,当孩子遇到学习上的难题时,才愿意向父母倾诉,和父母一起寻求解决的办法。

4.安静无扰的学习环境,是孩子安心学习的必备条件

父母要为孩子准备一个安静的不受干扰的学习环境,当孩子在学习的时候,要为孩子排除一切干扰学习的因素,让孩子能全神贯注地学习。在孩子学习的时候,家长要监督孩子远离电脑、电视机、手机和玩具等会分散孩子注意力的东西,不要让孩子一边学习一边做其他事。另外,孩子学习的时候,家长也要克制一些,不要在家里看电视,打麻将、会客,不要大声谈笑,以免干扰孩子学习。

5.学习型的家庭氛围,是孩子好学乐学的最佳环境

父母自身不需要才华横溢,但父母必须在孩子面前传达这一信息：知识是社会最宝贵的财富，学习和创造是人类最伟大的事业。父母要尊重知识、敬重人才，要在孩子面前批驳和澄清当前社会上甚嚣尘上的"金钱至上、享乐至上"低俗的价值观。父母要陪伴孩子一道学习，甚至偶尔向孩子请教一些他力所能及的知识问题。父母不要在家里打麻将、打牌，不要经常搞家庭聚会，不要让孩子接触到自己的"狐朋狗友"，要多读书，多买书，多借书，让整个家庭弥漫一种书香气，父母多读圣贤书，如《老子》《庄子》《孟子》《道德经》等，不要将一些不适合孩子的读物放在家里，以免影响孩子的学习注意力。学习型家庭环境不能忽视家庭文化娱乐活动的开展，多带孩子参加一些积极向上、修身养性的文化活动，多带孩子参观一些历史文化名胜古迹。全家人多逛博物馆、文化馆、书店，拒进KTV、棋牌室、游戏厅、网吧、酒吧等场所。这些都有助于提高初中生文化底蕴和审美情趣。

6.父母理性的成才观，是孩子健康快乐成长的推动力

父母要理性对待孩子的学习成绩，要引导孩子理性对待每一次考试，要鼓励孩子终身学习，要帮助孩子建立毕生发展的信念，这样才能为孩子的学习提供一个健康快乐积极向上的家庭环境。

父母站在孩子终身学习、毕生发展的高度去审视孩子的考试成绩，不以某几次考试成绩衡量孩子的优劣成败。考试的目的在于检验学习成效，能够暴露孩子学习的薄弱环节，只要每次能将不会的题目弄懂，考试的作用和目的则圆满实现。如果孩子某次考得好，父母要在大大表扬的同时，鼓励孩子总结成功经验，迁移到往后的学习中，并提醒孩子戒骄戒躁，继续谦虚前行。如果孩子某次考得差，父母不但不要批评孩子，而且要祝贺孩子，因为通过这次考试，发现和学会了很多不会的知识，要鼓励孩子订正所有错题，引导孩子分析这次考试失利的客观原因，争取在日后考试中引以为戒。

古今中外，有无数寒门学子自强不息，艰苦奋斗，最终实现了自己的梦想，成就了自己的伟业。作为初中生自身，需要正视家庭的客观经济条件,接受家庭目前的现实状况,要珍惜家人,珍惜时光,珍惜拥有的一切,要在有限的家庭条件下,勤奋学习,积极进取,最终一定能够实现属于你自己的最美的梦想。

六、爱校爱班爱师生,校正自我的在校环境

(一)尊敬老师,团结同学,珍惜三年学校时光

一日为师,终身为父,尊敬师长是学生最起码的素质。能够成为自己的老师,一定有他的过人之处,要从内心接受和信任老师。面对不同性格、教学方法各异的老师,你必须主动适应,积极调整自己状态,上课用心听讲,不懂的问题要在课后及时主动求教。遇到任何难题、烦恼或疑惑,都可以主动找班主任或其他老师求助。

同窗三年,情深如海,日后走上社会,同学将成为最重要的人脉和朋友圈。尊重每一位同学,不要歧视任何比你条件差的同学,因为任何人的人格尊严都是平等的。分享与同学在一起相处的快乐时光,分享全班同学团结友爱上进的集体精神,分享同学之间的友谊。若有需要帮助的同学,应挺身而出,竭尽自己所能,积极主动提供无私的帮助。

三年的初中时光,一晃而过,一定要珍惜每一天的校园生活,让每一天学习进步、生活充实、相处快乐。

(二)遵守班规校纪,捍卫班级和学校的荣誉

对于一个班集体,对于一个大学校,没有严格的纪律,将会是一盘散沙,遵守班级纪律、遵守校规校纪,是学生的天职。走进班级和校园,就要遵守班级和校园的各项规定,破坏这些规矩,实质是侵犯了班级和学校的核心利益,同时也是自取其辱,因为违规者必将受到相应的处罚,更会受到自我良知的道德审判。走出班级和校门,

你仍然代表这个班级和这所学校的形象,你的一举一动,不仅仅是代表你个人。当你做出任何不稚之举,人们会说"这是某某校某某班的学生",班集体和学校将因你的过失而名誉扫地。当然,如果你做出了某种闪光的善举,或取得某项成就,人们也会在称赞你的同时,往往附上你的班级和学校。

(三)学习他人,展示自我,积极参与班级学校各项活动

在班级集体和整个校园,各种优秀人物将纷纷涌现,你应当捧一颗谦虚的心,寻找自己学习的榜样。要主动走近和结识比自己更优秀的同学,向他们真诚请教,发现他们优秀的根源,并转化为提升自己的有效行动。没有十全十美的人,人各有所长,各有所短,所以,你要永远保持一颗自信而强大的内心,大胆展示自己的优势,注意挖掘自身的优势,做强做大自己的优势。当班级和学校举行运动会、朗诵比赛、小发明创造、志愿者行动等活动时,要积极参与,融入集体之中,若没有自己的强项,就帮助他人,或参与一些服务工作,也能够让自己得到锻炼。

(四)爱校爱班爱师生,为自己塑造优质的在校环境

热爱母校,热爱班集体,热爱自己的老师和同学,你将拥有更强大的内心,拥有满满的幸福与和谐的内心。学校和班级,不仅是自己人生的小小驿站,更是自己成长和发展的演练场和大舞台;老师和同学,不仅是自己人生中的匆匆过客,更是自己一生的精神支持和难得的缘分。所以,当你校正学习的时候,一定要校正自身的在校环境,主动塑造和融入一个优质的在校学习空间。

七、拒绝低俗远离诱惑,优化学习的社会环境

社会是人生存、发展、学习的大环境,因此它会对学生的学习行

动力的产生间接的影响,发挥着潜移默化的影响力。社会的不良思想观念与不良风气会影响着青少年,社会理想与信念的紊乱会使初中生养成依赖、懒惰、好逸恶劳的性格,甚至会有撒谎、盗窃和迷恋游戏的情况发生,使他们缺少必要的精神支柱。其次是错误的传媒导向,如一些不良的书刊、电影、光碟等会荼毒青少年幼稚的心灵,使初中生难以形成真正的自我,甚至会走向违法犯罪的道路。

必须动员社会各方面的力量,强化社会教育服务功能,大力营造正确的社会舆论导向氛围。政府部门和社区要发挥各自职能,形成社会合力,优化育人环境。司法部门要加强法制宣传教育,加大执法力度,坚持不懈的开展扫黄打非专项斗争,扫除各种社会丑恶现象,认真整顿校园周边治安环境,净化育人环境。宣传教育部门要对关心教育、支持教育、优化教育环境的先进人物事迹大力弘扬宣传,对破坏青少年成长环境的不良现象批评曝光,同时多向社会呼吁,动员社会希望工程、春蕾计划、有识之士支持教育,关心贫困生,营造全社会关心教育、支持教育的舆论氛围。文化、广电部门要结合爱国主义教育多播放适合学生生活的优秀影视作品,多编辑出版优秀书刊,用美好的艺术形象感化、教育、塑造青少年的人格。民政扶贫部门要加大教育救助扶贫力度,为弱势家庭、缺陷家庭提供教育支持。社区和基层组织要在构建和谐社会中大力净化社会空气,打击丑恶现象,同时为弱势家庭扶贫帮困,排忧解难。总之,有了社会多方面对教育的支持和配合,就会为教育发展创造良好的社会环境。

初中生自身应当树立科学的世界观、人生观、价值观,牢固树立社会主义核心价值观,为中华民族的伟大复兴而努力学习,远离低俗,抵制诱惑,主动净化自己的社会环境,不去不该去的场所,不做自己不该做的事,让自己生活在自我选择、自我构建的优质社会环境之中。

八、优化学习资源环境，争取最佳学习成效

工欲善其事，必先利其器，初中生除了埋头苦读之外，还要为自己构建一个优质的学习资源环境。

学习资源是指在学习过程中可被学习者利用的一切要素，主要包括支持学习的人、物及信息等，即学习的人力资源、物力资源和信息资源。

（一）人力资源

老师、同学、父母、辅导者和朋友圈构成初中生学习的人力资源。

教师是最主要的人力资源。当初中生遇到任何学习上的难题，都应向老师请教。虽然解难答疑是老师的义务，但你必须注意礼貌和场合。要将问题整理好，以节省老师的时间。一般在课后求教老师比较好，且不要占用老师太多的休息时间。当老师因忙碌没有及时解答你的问题，一定要理解并耐心等待时机。当你的问题难度较大，老师没能立即解答，一定要尊重老师，千万不要因此而小视老师的能力，因为老师也是人，在极短的时间内，因思维短路或心绪烦乱而无法解答一些难题，是极正常的现象，要耐心等待老师的下次解答。

同学之间互相学习，是非常必要的。当遇到不会做的难题时，要虚心向同学请教。

如果父母文化程度较高，也可以向父母求教一些难题。

若没有理想的求助对象，或者你目前学习成绩不好，要问的问题非常多，这时，你可以与父母交流，请父母帮你找一家资质好的家教机构，能够随时解答你的难题。

当然，你也可以向你朋友圈中的高年级或学历较高的人求教

难题。

(二)物力资源

教材、参考书、辅导资料、图书馆、书店、中学生学习网站等,构成初中生学习的物力资源。

完备的物力资源是搞好学习的基础。初中生为学好书本知识,务必有完备的物力资源支持,以更好地理解和学透课本知识。初中生至少每个月逛一次书店,每周进一次图书馆,要学会"杀书头",即快速浏览一些学习用书的目录,尝试能淘到好的宝贝。好的学习辅导书,将大大提高你的学习成效。

网络时代的今天,很容易在网络上获取优质的学习资源。但由于现阶段我国网络安全监管存在隐患,而且,初中生自我约束力差,很容易在网络上迷失方向,因此,家长应当陪伴和帮助初中生在网络上搜寻好的学习资源。例如,当遇到难的问题时,家长可以帮学生在网上搜索解答过程,然后在家长的陪伴下,初中生完成对解答过程的学习。这样既节省了学生搜查答案的时间,又能保证学生安全上网。

(三)信息资源

初中生要学会关注与中考、招生、竞赛、升学等有关的教育信息和政策信息。家长更应高度关注初中生学习的信息资源。特别是一些竞赛信息、某些有自主招生权的重点高中的自主招生信息,家长和初中生都应当知道如何及时获取。家长要高度关注和经常浏览孩子学校的网站、当地教育部门网站、国家省市教育网站、有自主招生权的重点高中网站,对于重要的信息,应当打电话或亲临现场咨询,直到获得最准确的信息。

除了网络信息外,初中生有必要利用寒暑假时,跑跑人才市场,游游高等学府。人才市场是学习的最终归宿。通过人才市场的用人信息,能使初中生从感性上认识到学科和专业的重要性,逐步建立起自己心仪的专业倾向。通过逛人才市场,初中生可以直接感知学历的重要性,感知到学习的优劣与日后工作待遇的现实关联性,从而促进初中生自觉勤奋学习。

高等学府是中学生学习的目的地。初中生通过浏览一些著名高校网站,或利用寒暑假游览著名高校,感受这些高校的悠久历史和深厚的文化底蕴,激发初中生日后的学习积极性。这些高校的形象,从此会驻扎在他的心里,是他心中的圣地,引领他正确前行。

初中生要善于构建自己的学习资源环境,多与老师、家长、同学交流、沟通,对各类信息要有敏感性。最最重要的是,要有自己准确的判断能力,要根据自己的实际需求,从自己的资源环境中寻找最佳的学习资源。

第六章 初中生学习的行动力校正

行动,指为实现某种意图而具体地进行活动。

学习行动,指为获取知识而进行的具体学习活动,如听课、写作业、复习、预习等。只有通过具体的学习行动,才能获取知识,才能完成自己的学习计划,实现自己的学习目标,才可能取得所期待的学习成绩。

学习的行动力,指为实现学习目标而具体地进行学习活动的行为能力。学生有无学习的行动力,决定着他在不在学习,决定着他有没有实际的举措去完成学习计划和实现学习目标,并最终决定他能否取得实际的学习成效。

当学生缺乏学习的行动力,他就没有了实际有效的学习行动,他就不在学习。若一名学生总是不在学习,那么,他的聪明才智、他的学习目标、他的学习内动力、他的环境力、他的学习技术,都将统统化为泡影,若他一直没有行动力,一直不在学习,他将永远取得不到任何学习成就。

如果你的学习成绩不佳,你得首先校正自己学习的目标力、内动力、环境力和技术力,然后再校正自己的学习行动力,确保自己不仅能够做到想学习、会学习、能学习、明目标,更确保自己一直在学习,只有这样,你才能取得自己所期待的学业成就。

一、行动力不足的原因与后果

通过自我剖析,找到自身学习行动力不足的根本原因,才能"对症下药",彻底校正自己学习的行动力。

(一)初中生行动力不足的主要原因

①学习成效滞后于学习行动。学习进步与人生成功往往需要持续不断的行动力,很多初中生因为缺乏耐心、没有远见而行动力不足。

②失败不够多,痛苦不够深,没有意识到不立即行动的严重后果。

③体验不到行动后的快乐与成就感,行动的吸引力不够大。

④缺乏学习的内动力。

⑤缺乏学习的技术力。

⑥缺乏学习的环境力。

⑦缺乏学习的目标力。

⑧没有信心,害怕失败,畏首畏尾。

⑨惰性大,习惯差,凡事爱拖延,无法长久坚持。

⑩躺在自己的安乐窝里,自我满足于幻想的美好,固步自封。

(二)初中生学习行动力不足的严重后果

缺乏学习行动力的初中生,成天畏首畏尾,总是缩手缩脚,一直停滞不前,没有任何有效的学习行动,去实现他的学习目标和计划。

没有学习的行动力,一切等于零,再好的内动力、技术力、环境力、目标力,都化为泡影。

学习行动力不足者,良好的学习成绩将与他绝缘,他将无法实现学业上的一切梦想。

初中三年,是人的生活态度、行为习惯、思想品质逐步成型的奠基性三年。放任自己学习行动力不足的滋长和蔓延,将会形成消极的生活态度,养成懒惰退缩的行为习惯,从而为日后的人生发展埋下隐患。

社会是公平的,人生是平衡的,欠的总是要还的。初中三年的行动力不足,必将连累其日后的人生,需要日后品尝更多的艰辛,甚至是无法挽回的痛苦。

正如行动力所带来的效果是滞后的一样,行动力不足的后果也是滞后的,更是难以挽回和弥补的,今天没有行动力,未来你将承受因此而引发的无尽痛苦,你往后的人生,必将因此而付出沉重的代价。

初中三年,是学习的最佳时期,浪费了这三年,意味着浪费了最佳的人生学习时机,意味着浪费了人生中最宝贵的时光,无疑是人生的巨大缺憾,每当回首,一想就悔,一提便恨,一触便痛。

因为现在学习的行动力不足,导致你日后的人生处处被动,你的亲人为你感到痛心,你的老师为你感到遗憾。或许,你今天学习行动力不足的最大价值,在于日后你的同学、朋友和邻居们以你为反面教材去警示他们的下一代。而你自己的人生,则因当年学习行动力不足而无法达到应有的高度,为此,日后年迈的你必将唏嘘叹息,并抱憾终生。

二、激发自身学习行动力的三大理由

(一)完成学习任务的需要

学习本身是动词,学习本身就是行动,学习由预习、练习、复习、考评等一系列的行动所组成,没有行动,就没有学习的存在。

每个学习任务,都需要一系列的学习行动去完成,缺乏学习的行动力,你将无法完成任何学习任务。

在知识的海洋里,每一名学习者,只有实施了航行的行动,才能将自己这条小船划到知识的彼岸。

除非你不想完成任务,你才不需要激发自身的学习行动力。

除非你想逃离自己的学生角色,你才不需要激发自身的学习行动力。

除非你心甘情愿沦落为社会的知识底层,你才不需要激发自身的学习行动力。

如果你想完成自己学习任务,如果你想为自己是一名初中生正名,如果你不想沦落为社会知识底层,请激发自身的学习行动力吧。

(二)人生不断成长的需要

你的学习行动力,激活了你的初中人生。没有学习的行动力,你的初中人生实质上是荒芜的,缺乏应有的勃勃生机。初中三年是人生最好的学习期,行动力激活了你的生命力。在你的每一个学习行动中,不断增长的知识使你的人生得到不断的成长。

只有在学习的行动中,你才能发现自己的优势与不足,才能扬长避短,才能不断进步。

只有在学习的行动中,你才能不断获取新的知识,才能提高自己、完善自己、发展自己,才能不断成长。

只有在学习的行动中,才能不断挖掘自己的潜能,才能不断丰富自己,才能不断超越自我。

如果人生是一棵小树,那么知识便是雨露。当没有灌溉的行动,雨露对于小树而言,是没有任何现实意义的。当没有了学习的行动力,你的人生将得不到知识的灌溉,你的人生将无法成长。

岁月日日变换,时光匆匆流转,激发你的学习行动力吧,让生命流逝的同时,你的人生得到苗壮成长。

（三）实现人生梦想的需要

世界是公平的,天道是酬勤的。一分耕耘,一分收获。没有学习的行动力,就没有学业上的成功。没有学业上的成功,你人生梦想的翅膀将失去翼下之风,梦想将缥缈无着,最后将沦为空想。

梦想和空想最大的区别是:有无行动力去兑现它。

没有行动力的梦想,永远只是空想。

若停滞不前,没有行动,你真的正在荒废自己的人生,你的梦想永远不可能实现。

只有行动,才有成功的机会,才可能收获到成功的快乐,才能告别失败的痛苦。

有的时候,行动不一定能成功,但是,若没有行动,一定不会成功。

行动是沟通梦想与现实之间的桥梁,行动是通往成功的媒介与渠道。

行动创造奇迹,行动照亮梦想,行动成就人生。

三、告别过去、激活现在、雕琢未来

对自己进行学习的行动力校正,实质是你要对过去挥手道别,彻底革新以往的生活模式,塑造出一个崭新的自我,用学习的行动力激活所有潜能,让学习与进步成为人生的主旋律,用每天一个个精致的学习行动去雕琢自己理想中的未来。

（一）告别过去

过去属于死亡,人生无法重来。珍惜过去,总结过去,扬弃过去,并对过去挥手道别,这是学习行动力校正的重要环节。

1.感恩过去

今天的你,是过去的产物,是由过去每一天堆砌而成。没有过去,就没有今天。

感谢大自然的神奇力量,赋予了我们地球上最高级的智能生命。即使以树、草、毛毛虫的生命形态来到地球上走一遭,也是值得感恩戴德,何况人乎?

感谢人类的先人们,他们前仆后继,历尽千辛万苦,将人类由最初茹毛饮血的野蛮时代推进到今天空前发达的信息化时代。当我们享用空调、智能手机、高铁等现代科技生活之时,要向孔子、亚里士多德、蔡伦、伽利略、达尔文、爱因斯坦、毛泽东等伟人们致敬。

作为中国人,我们都是炎黄子孙,我们都是龙的传人,我们必须满怀感激地向老子、孔子、秦始皇、华佗、蔡伦、司马迁、魏源、孙中山、毛泽东、袁隆平、杨利伟等伟人致敬。

感谢强大的祖国,为我们支撑了一个和谐安康的生活和学习环境。感谢所有的纳税人,为义务教育的顺利实施提供了经济基础。

感谢父母的养育之恩,呵护我们从最初的一个小小细胞成长为今天偌大的青少年。特别是在完全不能自理的婴儿期,我们每一次的吃喝拉撒,每一次的哭闹,都仰仗父母以无尽的爱,帮我们一一解决。仅仅这一点,足以令我们感恩戴德,报答一生。

感谢亲爱的老师对我们的谆谆教诲,并对共同学习成长的同学致谢,对童年以来的小伙伴们致谢,有了他们,生活才更加精彩和快乐。

还有很多我们应该感谢的人。当我们有了感恩之心,我们才会内心温暖和谐,我们才有进步的动力和战胜一切困难的勇气。

2.扬弃过去

每个人既有闪光点,也存在不足。请找到一个安静无扰的时间和空间,彻底而细致地分析你自己的优点与不足。在你的日记本上,先将你的优点一条条清晰的列出来,比如:你的健康、你的聪明、你的勇敢、你的善良等。然后,再把你所有的缺点列在你的日记本上,比如:缺乏学习的行动力、爱睡懒觉、上课不用心听讲等。每个人的身上,都会有自己不易察觉的优点和缺点,所以,你还要征求父母、老师、朋友、同学们对自己的评价,把他们对你所提的优点和缺点,也列在日记本上。

通过征集和列举自己所有的优缺点,我们全新地认识了自己,为日后扬长避短找到依据和目标。我们身上的优点,是我们的优势,为此,我们应为自己拥有这些优点而感到庆幸和自豪,在日后的学习和生活中,要有意识地使这些优点更加闪闪发光,将它们发扬光大,成为自己竞争的优势。同时,不要对自己过去的错误耿耿于怀,要原谅自己的缺点,接纳自己的缺点,从源头上分析这些缺点的成因,清除这些缺点滋生的土壤,在日后的生活中彻底摒弃这些缺点。

3.告别过去

校正自己的学习行动力,意味着要与行动力不足的过去告别,塑造出具备强大的学习行动力的全新自我。告别过去实质是一场自我革命。凡是革命,都必须经受阵痛。因此,我们必须清醒地意识到,学习行动力校正之初,一定会有各种不适应的状况发生,一定会经历成长的阵痛。

但我们的人生,正是在痛苦中成长的。

我们每个人都是带着一声清脆而痛苦的啼哭声诞生到这个陌生的世界。我们知道,胎儿在母亲的子宫里是不呼吸的,但出生后的婴儿必须依靠自己的呼吸来吸入氧气和排出二氧化碳。在出生瞬间,婴儿离开母亲温暖舒适的子宫“水世界”,猛然被置身于一个明亮、寒冷、纷乱、喧闹的新环境,急剧的变故令婴儿心惊肉跳,倍感不适、惊恐与痛苦。最重要的是,以往通过脐带和胎盘由母亲供给氧气的通路也瞬间被切断,孩子在出生几秒内,承受了突然缺氧的巨大痛苦。人类对痛苦的本能反应就是啼哭,而恰恰是这第一声啼哭,逼迫婴儿将小鼻子和小嘴巴张开,本能作出呼吸动作,让外界空气涌入肺部,然后血液从心脏流入其肺部血管,寻求刚刚吸入的氧气。因此,恰恰是这痛苦的第一声啼哭使婴儿顺利完成了肺呼吸,血液循环从此转入正常途径。仅仅几分钟内,通过脐带的血液循环宣告终止,小生命完全独立。若没有痛苦感的刺激,若没有婴儿的第一声啼哭,婴儿的肺无法张开呼吸。若婴儿出生时不哭,反而会引起多种疾病及后遗症。

痛苦是人生成长的催化剂,人生经历多少痛苦,就会有多少成长。再如婴儿断奶的时候、幼儿刚刚上幼儿园的时候,小学生刚读一年级的时候,初中生刚上初一的时候,无不经受从不适应到适应的痛苦与挑战,而且这些痛苦都是成长中无法回避的,是必须经历的痛苦。我们只有战胜这些痛苦,人生才能得到成长。

事实上,当我们勇敢地告别了过去,战胜了成长中的阵痛,我们的人生就获得进步。如果害怕改变,如果一直守在过去的安乐窝里停滞不前,我们从此将固步自封,学业无法取得成功,未来的人生一定会遭受更大的痛苦与打击。可怜人必有可恨之处,人必自辱而后人辱之,这个世界上,没有人能淘汰你,往往是人们亲手断送了自己的大好前程。

勇敢面对学习行动力校正过程中的一切不适应吧!战胜所有因学习行动力校正所伴随的成长痛苦吧!坚持就是胜利,行动就会成功。当你告别过去,迎来全新的自我,拥有了强大的学习行动力,你会收获更多的成长、进步与快乐,告别了过去,就意味着你获得新生。

而告别过去的唯一方式是:行动,立即行动,持续行动。

(二)激活现在

人的生命是由时间组成的。

过去一去不复返,未来难以确定,我们只能把握住现在。

所以,当我们想把握住自己的命运之时,唯一正确的方式是把握现在。

怎样把握现在呢?

行动,立即行动,持续行动,才能把握现在。

行动是激活现在的唯一方式。

没有行动的现在,等于是垃圾时间,很快会沦为死亡的过去。

没有行动的现在,就没有美好的未来,因为未来就是明天的现在。把握不住现在,其实就是把握不住未来。

激活现在,就是用一个个实际的行动,去完成你每天所要完成的任务,去实现你每天的目标,去兑现一天天的进步与成长。

激活现在,需要用我们的双手,在最短的时间做最多的事。

激活现在,就是果断行动,不再犹豫徘徊,勇敢战胜一切困难和挫折,宁可遍体鳞伤地到达终点,也决不豪情满怀地原地踏步。

只有行动力,才能激活我们的现在,才能激活我们的生命力。行动,立即行动,持续行动,你的现在才会被真正激活。

(三)雕琢未来

面对未来,每个人都有自己的梦想,每个人有不同的梦想。所以,作为初中生的你,可以花上几个小时,好好畅想自己的未来,认真思考自己的未来,慎重地设计自己未来的人生梦想。

比如你想成为一名政治家,你就应当把自己想像成为一名政治家,并用自己的实际行动,每天对自己这块好玉,慢慢雕琢,直到自己真的有一天,把自己这块美玉精心雕琢成一位政治家。

比如你想成为一名体育明星,你就要对自己这块好玉,每天用汗水和奋斗去一点一点地雕琢它,直到自己真的成为一名体育明星。

未来虽然还没有到来,但是,未来由现在雕琢而成的。未来是即将到来的现在。当今天开始的时候,未来也就开始了。

三岁看小,七岁看老。一分耕耘,一分收获。未来不是无根之木,未来成长于现在的种子;未来不是无源之水,未来是由现在的涓涓细流汇聚而成。

当我们对未来的人生满怀憧憬之时,当我们有了自己的梦想之后,一定要清醒地认识到,未来是由现在决定的,未来是由你本人亲手利用现在的每一天,精心雕琢而成的。现在的每一个行动,现在的每一滴汗水,都在雕琢自己的未来。

人要有远见,要看到未来,要亲手雕琢自己的未来,而且,所有的一切行动,不是要等到明天,而是现在,是此刻。

行动,立即行动,持续行动,你必将雕琢出最美好的未来。

四、学习行动力三要素:时间管理、任务管理、情绪管理

(一)时间管理

一切学习行动,都需要在一定的时间内完成。同一个学习行动,效率不同的人,往往用时不同。时间管理能力大小,决定着行动力的大小。

1.管理时间等于管理人生

人不能决定自己的生命长度,但可以决定自己生命的宽度和高度。一生中取得成果的数量及涉猎领域的多寡,决定他的人生宽度,一生中取得成功的难度或取得某个领域成功的高度,决定他人生的高度。比如,百科全书式的人,他的人生很有宽度;奥运冠军或诺贝尔奖获得者,他的人生很有高度。不会管理时间的人,很难取得人生的成功。每个人的一天都是24小时,但因管理时间方式不同,一天的收获和结果会截然不同。成绩优异的人,一定善于管理时间;学习成绩不佳,一定疏于时间管理。

2.时间管理应注重态度与速度

时间管理要马上行动,既要保证行动的质量,也要保证行动的速度。态度认真是行动质量的保证。初中生要认真听课、认真作业、认真考试,对老师认真,对同学认真,对家人认真。凡事要有条理。东西哪里取哪里放,务必及时归位,把同类的书籍放在一起,把同类的学具放在一起,这样便提高了效率,节约了时间。速度是时间管理的生命线,速度决定一切。凡事注意速度,走路要快,做事要快,读书写字要快,久而久之,便会训练出高效的行动力。

3.管理时间应杜绝浪费时间

浪费别人的时间等于谋财害命,浪费自己的时间无异于慢性自杀。做自己该做的事,将所有的事务都设定时间,用规定时间完成规定的任务。生命是有限的,要有时间紧迫感。

4.管理时间在于分解时间

管理时间的核心技巧在于将每天的时间片段化。

学会将每天的时间分解为生活起居时间、在校学习时间、自主学习时间、文体娱乐时间、反省自我时间等不同的时间片段。列出每天生活必要时间、学习必要时间、文体娱乐必要时间、每日反省必要时间,再将剩余的时间整理出来,留作自主学习之用。

务必高度重视对自主学习时间的充分利用,补缺补差、超越自我、赶超他人,往往都是因为有效利用自主学习时间而取得的。

5.管理时间在于合理分配时间

时间分解后,再将每日的学习、生活的具体活动与之合理搭配,一一对应。分配时间要注意统筹安排,注重时间与任务搭配的科学性、合理性。比如:将英语和语文的记诵时间安排在清晨,因为人的记忆力清晨时最好。

6.管理时间应珍惜零碎时间

高度重视对零碎时间的管理与利用,将垃圾时间变为零碎时间,将零碎时间变为优质时间。要增强行动力的弹性,充分利用零碎时间,平时随身携带口袋本、英语单词表、各门课程的知识要点手册、MP3播放器等,当零碎时间出现的时候,绝不要等闲视之,绝不允许它沦为垃圾时间,要充分利用零碎时间。比如,利用等候的时候、排队的时候、坐车的时候、上学放学的时候,去背单词、记公式、听录音、作计划、忆重点等。零碎时间不断汇聚,实质是相对延长了自己的生命。

(二)任务管理

一切学习行动,都是为了完成特定的学习任务,任务管理能力的大小,决定着行动力的大小。任务管理的具体步骤如下。

1.学习目标总体分析

首先在日记本上,按如下顺序详细列出你当下所有的学习目标。

①当下语文学习目标。
②当下数学学习目标。
③当下英语学习目标。
④当下物理学习目标。
⑤当下化学学习目标。
⑥当下政治学习目标。
⑦当下历史学习目标。
⑧当下生物学习目标。
⑨当下地理学习目标。
⑩当下其他学习目标。

2.对学习目标进行任务分解

在日记本上,将以上十大目标分解为具体的学习任务。如:英语学习目标可分解为单词背诵、课文背诵、语法记忆、听力练习、课堂作业、复习预习、自主练习、自我测试等具体的学习任务。

3.将学习任务细化为每天的学习子任务

具体的学习任务,只有细化为每天可操作的学习子任务,才便于开展具体的学习行动。比如,将英语的具体任务细化为每天的英语晨读、英语睡前听力训练、每日英语作业、英语自主练习、英语自测等可操作的子任务。这样便于任务的执行和管理。

4.对学习子任务进行时间分配

将每个子任务分配以合理的时间,这也是时间管理的要求。

对子任务进行时间分配时,要经过试验、论证和调整,使子任务所分配的时间趋于精确化,切实提高时间的利用率,切实保证任务的完成效率。

5.检验学习子任务的执行效果

每天认真执行子任务,并对执行效果进行检验。通过自测、他人监督等途径,了解子任务的执行效果。比如每天完成了晨读英语的子任务之后,通过自我抽查背诵效果,检验英语晨读的质量,或者请父母或同学抽查,以检验自己英语晨读的效果。

6.不断优化任务管理效果

通过定期抽测检查,不断提高每一门学科目标任务的完成质量。同时,对完成效果不佳的目标任务,进行再分析、再分解、再分配、再检验,直到实现预期的目标要求。在任务管理过程中,既关注行动的过程,更关注行动的效果,并注重在行动的过程中不断积累经验。

(三)情绪管理

1.情绪与情绪管理的内涵

情绪,外界事物所引起的爱、憎、愉快、不愉快、惧怕等的心理状态,是对一系列主观认知经验的通称,是多种感觉、思想和行为综合产生的心理和生理状态。最普遍、通俗的情绪有喜、怒、哀、惊、恐、爱等,也有一些细腻微妙的情绪如嫉妒、惭愧、羞耻、自豪等。情绪无好坏之分,一般只划分为积极情绪、消极情绪。由情绪引发的行为及行为的后果则有好坏之分。情绪不可能完全消灭,但可以进行有效疏导、有效管理、适度控制。

情绪管理,是指通过研究个体和群体对自身情绪和他人情绪的认识,培养驾驭情绪的能力,并由此产生良好的管理效果。情绪管理并非消灭情绪,也没有必要消灭,情绪管理的目的是疏导情绪、产生好的行为以及好的行为结果。

人是情绪化的动物。同样的行动,因情绪的不同,往往会有迥异的结果。情绪决定人的心情,影响人的态度,左右着人的行动力的方向、大小与结果。没有积极的情绪,就没有强大的行动力。情绪管理是提高行动力的重要因素。

2.舒解负性情绪,远离情绪适应不良

负性情绪,通常是指那些不愉快甚至引发人痛苦、愤怒的情绪体验。例如,压抑、生气、委屈、沮丧等。

面对自己的负情绪,选择不同的应对策略,会产生不同的情绪适应结果。疏导型应对策略有痛哭、听音乐、唱歌、打球、跑步、写日记、向朋友倾诉、做深呼吸等方式,这些都将产生良好的情绪适应效果。宣泄型应对策略有购物、吃喜爱的食物、喝好喝的饮料、撕纸、睡一觉等方式,这些都将产生缓解性的一般情绪适应效果。发泄型应对策略有生闷气、摔门、摔杯了、砸东西、骂人、打架、报复别人等方式,这些都将产生消极的情绪适应不良效果。

情绪适应不良有以下表现:

①负性情绪因得不到有效疏导而持续时间过长。

②负性情绪强度过大使本人不堪其重。

③负性情绪恶性循环而使本人不能自拔。

④负性情绪已经影响或伤害到自己及他人。

在处理负性情绪的过程中,人们常易陷入情绪处理的三大误区:逃避、压抑、发泄。逃避解决不了问题,只能使问题越发严重,正确的方式是勇敢面对问题、积极寻找解决问题的途径;压抑只能使负性情绪积累泛滥成灾,正确的处理方式是主动疏导负性情绪;发泄只能使矛盾更尖锐、形势更恶化,正确的方式是理智应对。

情绪管理正确方法是体察自己的情绪,承认和接纳自己的负性情绪,学会适当表达自己的情绪,并以恰当的方式宣泄和舒解自己的负性情绪。

初中生舒解负性情绪的常用方法有:深呼吸法、目标转移法、身心放松法、想像法、体育运动法。初中生要学会做情绪的主人,不做负面情绪源,不做负面情绪的转发者,要学会舒解负面情绪,远离情绪不良,做负面情绪的终结者。

3.快乐学习,拥抱健康情绪

快乐有三个层次:竞争式快乐、条件式快乐、无条件式快乐。竞争式快乐,是指人们经常做对比,赢了就快乐,输了就沮丧。条件式快乐,是指一个人拥有了某种条件才会快乐。条件式快乐也存在某种对比,是一种有局限性的快乐。快乐的最高境界是无条件式快乐,无条件式快乐不以物喜,不以已悲,快乐与否完全由自己的内心主宰。

知识是人类的精神食粮,学习本身是无条件式的快乐,但因受到应试教育体制的冲击,学习成绩的好坏直接关系到未来的前程和人生幸福,很多学生和家长不堪其重,学习成为最大的心理负担与压力,从而使学习的快乐降格为竞争式快乐、有条件式的快乐。

但是,只要我们认识到,学习是终生的事业,初中学习并不是人生的终结性学习,仅仅是人生学习的开端,只要认真学习,只要加强学习的行动力,学习成绩一定会越来越好。不求最好的成绩,只求最好的行动力。

特别要看淡考试,不要被考试吓倒。考试只是对学习成效的检验,只要认真学习,只要积极行动,考试结果不会差。通过考试,能够暴露我们学习的薄弱环节,促进我们迎难而上,化弱为强,大大提高我们的学习成效。

快乐学习,快乐考试,享受每一个学习行动的过程,享受知识带来的快乐。每天积累和体验学习的快乐感,学会拥抱健康情绪。

马斯洛关于健康情绪的描述如下:

①平和、稳定、愉悦和接纳自己;

②有清醒的理智;

③适度的欲望;

④对人类有深刻、诚挚的感情;

⑤富于哲理、善意的幽默感;

⑥丰富、深刻的自我情感体验。

保持健康情绪状态的方法与途径如下:

①保持积极乐观的心态;

②接纳自己的情绪变化;

③善于及时调整自己的不良心态。

④勇于宽容别人。

初中生每天都要快乐学习,拥抱健康情绪,充分发挥自己的行动力,把握自己的美好人生。

五、开启人生新篇章:以《作息安排表》统领生活

(一)学习生活化,生活作息化,作息习惯化

1.学习生活化

所谓学习,是指从阅读、听讲、研究、实践中获得知识或技能。

所谓生活,是指人们为了生存和发展而进行的各种活动。

由学习和生活的定义可知,学习是为了更好的生活。学习是人生的一部分,是每天生活的一部分。对于初中生而言,学习是初中三年的生活主题,因此,初中生务必将生活调整为以学习为核心,让

生活服务于学习。同时,应将学习融入生活,成为生活的一部分,学习与生活并非相冲突、相对立或相割裂的,学习是人生的常态化生活。同时,要将生活的一切重心,倾向学习,瞄准学习,服务于学习,让生活的一切细节,都有利于学习,而不是有害于学习,使生活的内容对学习都是促进的,服务的,有益的。

2.生活作息化

生活作息化,是指将生活中的各个活动用固定的时间确定下来,制定一个切合生活实际的作息时间表,通俗地说,就是在固定的时间干固定的事。比如几点起床,几点睡觉,几点学习、几点锻炼,等等。

生活作息化之后,日后只要按照作息表一一进行即可,这样的生活井井有条,容易掌控。有了作息安排表,你便盘活所有可利用的时间,让自己成为时间的主人,成为生活的主人,成为自己的主人。生活没有作息规律的人,每一天生活的随意性很大。生活没有计划性、科学性、有效性,要么使生活陷入无序地忙乱之中,要么成天无所事事,没有人生的方向。

3.作息习惯化

当你将生活作息化之后,你每天的生活都按作息时间表的安排有序进行,每天都在固定的时间里起床、睡觉、吃饭,学习等,久而久之,你会形成自己的生物钟,形成习惯。心理学理论告诉我们,任何一事件,坚持21天之后,就会形成习惯,久而久之,会形成条件反射,每当到了这个时间点,你就会自然而然地进行这项活动。

作息习惯化,实质是你完全适应了自己的生活,这是一种最健康的生活方式。作息习惯化,使你的学习成为习惯,使你的锻炼成为习惯,使你的一切优点都成为习惯。从此,你不再需要任何外力的推动,就能够过上奋发有为的生活,你的人生梦想会自然而然地逐步实现。

同时,作息习惯化带给我们一个重大的启示:如何改变自己的坏习惯,如何建立新的好习惯? 答案恰恰是作息习惯化的过程。比如你想改变自己睡懒觉的坏习惯,你只要将新的起床时间固定在你的作息安排表上,每天坚持到这个时间点起床,坚持21天之后,你便自然而然形成了早起的习惯。比如你想养成每天晨跑的习惯,你只要将你的晨跑时间固定在清晨的某时间点,每天坚持在这个时间点进行晨跑,坚持21天之后,你便形成了习惯,每到这个时间点,你便条件反射般地自动启动了晨跑模式。就像我们的刷牙习惯一样,从来不需要任何外力的推动,只要到这个时间点,我们会自然而然地把自己的牙齿处理了一遍,这正是作息习惯化的魅力。

习惯养成的过程,一般包含启动、强动、自动、享动这四个阶段。

启动:将你想要养成的好习惯安排到你的作息安排表中,固定在每天某个合适的时间段里。

强动:坚持按作息表的时间安排,强制性地运行这个新的习惯21天之后,这个习惯将固化成型。

自动:当习惯固化成型后,你的生理和心理对这个习惯已经完全接受,从此,它便会条件反射般地自动运行。

享动:新的习惯运行了一段时间之后,会给你带来非常多的益处和享受,从此,当你进行这项习惯之时,你会非常享受这个习惯,欲罢不能,若要强行中止这个习惯,你会感到非常的痛苦。

学习生活化,生活作息化,作息习惯化,是你成长与成功的必由之路。

(二)编制《作息安排表》

1.感性认识《初中生作息安排表》:举两个实例

(1)开学后《作息安排表》实例。

表6-1 某初三同学2015年4月份作息安排表

星期一至星期四	星期五	星期六	星期日
5:40 起床	5:40 起床	6:30 起床	5:40 起床
5:40-5:55 洗漱杂务	5:40-5:55 洗漱杂务	6:30-6:40 洗漱杂务	5:40-5:55 洗漱杂务
5:55-6:25 英语晨读	5:55-6:25 英语晨读	6:40-7:10 英语晨读	5:55-6:25 英语晨读
6:25-6:45 早餐	6:25-6:45 早餐	7:10-7:30 早餐	6:25-6:45 早餐
6:45-7:15 语文晨读	6:45-7:15 语文晨读	7:30-8:00 语文晨读	6:45-7:15 语文晨读
7:15-7:25 杂务+口袋本	7:15-7:25 杂务+口袋本	8:00-11:00 作业	7:15-7:20 杂务
7:25-7:40上 学	7:25-7:40 上学	11:00-11:40 政治背诵	7:20-9:00 数学周自测
7:40-11:35 上午上课	7:40-11:35 上午上课	11:40-12:10 午餐	9:00-9:20 快乐休息
11:35-11:50 放学回家	11:35-11:50 放学回家	12:10-13:10 午休+英听力	9:20-10:00 地理背诵
11:50-12:10 午餐	11:50-12:10 午餐	13:10-13:20 杂务	10:00-10:50 物理自主练
12:10-13:10 午休+英听力	12:10-13:10 午休+英听力	13:20-14:00 数学自主练	10:50-11:00 筋骨操
13:10-13:15 杂务	13:10-13:15 杂务	14:00-14:10 筋骨操	11:00-11:40 化学自主练

续表

星期一至星期四	星期五	星期六	星期日
13:15~13:30 上学	13:15~13:30 上学	14:10~15:00 英语自主练	11:40~12:10 午餐
13:30~17:10 下午上课	13:30~17:10 下午上课	15:00~15:30 钢琴演奏	12:10~13:10 午休+英听力
17:10~17:30 校内1000米	17:10~17:30 校内1000米	15:30~17:00 物理周自测	13:10~14:20 英语周自测
17:30~17:45 放学回家	17:30~17:45 放学回家	17:00~17:40 电脑或电视	14:20~15:00 生物背诵
17:45~18:30 洗澡+晚餐	17:45~18:30 洗澡+晚餐	17:40~18:00 晚餐	15:00~16:00 图书馆或书店
18:30~20:00 作业	18:30~20:00 作业	18:00~19:00 周末全家乐	16:00~16:40 政治自主练
20:00~20:30 背政史地生 （星期一背诵政治） （星期二背诵历史） （星期三背诵地理） （星期四背诵生物）	20:00~20:30 数学自主练	19:00~19:40 历史背诵	16:40~16:50 快乐休息
	20:30~21:00 钢琴演奏	19:40~20:20 物理自主练	16:50~17:30 历史自主练
	21:00~21:30 语文自主练	20:20~20:30 微日记	17:30~18:00 晚餐
	21:30~23:20 电脑或电视	20:30~21:30 篮球+锻炼	18:00~19:30 化学周自测
20:30~20:40 快乐休息	23:20~23:30 微日记	21:30~22:00 洗漱+杂务	19:30~20:00 钢琴演奏
20:40~21:10 数学自主练	23:30 睡觉+英听力	22:00~22:30 化学自主练	20:00~20:30 数学自主练
21:10~21:40 钢琴演奏		22:30 睡觉+英听力	20:30~21:00 跑步
21:40~21:50 筋骨操			21:00~21:30 洗漱+杂务

续表

星期一至星期四	星期五	星期六	星期日
21:50-22:20 理化自主练 (星期一、三物理自主练) (星期二、四化学自主练)			21:30-22:30 周记
			22:30 睡觉+英听力
22:20-22:30 微日记			
22:30 睡觉+英听力			

（2）寒暑假《作息安排表》实例。

表6-2 某初二同学2014年6月暑假作息安排表

星期一+二+四+日	星期三	星期五	星期六
6:00 起床	6:00 起床	6:00 起床	7:00 起床
6:00-6:15 洗漱开水	6:00-6:15 洗漱开水	6:00-6:15 洗漱开水	7:00-7:15 洗漱开水
6:15-6:45 英语晨读	6:15-6:45 英语晨读	6:15-6:45 英语晨读	7:15-7:45 英语晨读
6:45-7:05 早餐	6:45-7:05 早餐	6:45-7:05 早餐	7:45-8:05 早餐
7:05-7:35 语文晨读	7:05-7:35 语文晨读	7:05-7:35 语文晨读	8:05-8:35 语文晨读
7:35-8:20 暑假作业	7:35-8:20 暑假作业	7:35-8:20 暑假作业	8:35-9:20 暑假作业

续表

星期一至星期四	星期五	星期六	星期日
8:20-8:30 快乐休息	8:20-8:30 快乐休息	8:20-8:30 快乐休息	9:20-9:30 快乐休息
8:30-9:30 数学自主练	8:30-9:30 数学自主练	8:30-9:30 数学自主练	9:30-10:30 数学自主练
9:30-9:50 筋骨操	9:30-9:50 筋骨操	9:30-9:50 筋骨操	10:30-10:40 筋骨操
9:50-10:50 物理自主练	9:50-10:50 物理自主练	9:50-10:50 物理自主练	10:40-11:40 物理自主练
10:50-11:30 钢琴考级练	10:50-11:30 钢琴考级练	10:50-11:30 钢琴考级练	11:40-12:00 午餐
11:30-12:00 午餐	11:30-12:00 午餐	11:30-12:00 午餐	12:00-12:30 物理预习
12:00-12:30 物理预习	12:00-12:30 物理预习	12:00-12:30 物理预习	12:30-13:30 午休+英听力
12:30-13:30 午休+英听力	12:30-13:30 午休+英听力	12:30-13:30 午休+英听力	13:30-13:40 杂务
13:30-13:40 杂务	13:30-13:40 杂务	13:30-13:40 杂务	13:40-14:10 英语预习
13:40-14:10 英语预习	13:40-14:10 英语预习	13:40-14:10 英语预习	14:10-14:50 暑假作业
14:10-14:50 暑假作业	14:10-14:50 暑假作业	14:10-14:50 暑假作业	14:50-15:00 快乐休息
14:50-15:00 快乐休息	14:50-15:00 杂务	14:50-15:00 快乐休息	15:00-16:00 化学自主练
15:00-16:00 化学自主练	15:00-17:30 游泳	15:00-16:00 上钢琴课	16:00-16:20 快乐休息
16:00-16:20 快乐休息	17:30-18:00 洗漱+杂务	16:00-16:20 快乐休息	16:20-17:00 钢琴考级练

续表

星期一至星期四	星期五	星期六	星期日
16:20-17:00 钢琴考级练	18:00-18:30 晚餐	16:20-17:00 钢琴考级练	17:00-17:30 电脑学习
17:00-17:30 电脑学习	18:30-19:00 数学预习	17:00-18:00 化学自主练	17:30-18:00 自由安排
17:30-18:00 语文自主练	19:00-19:10 快乐休息	18:00-18:30 晚餐	18:00-18:30 晚餐
18:00-18:30 晚餐	19:10-20:10 化学自主练	18:30-19:00 数学预习	18:30-19:00 数学预习
18:30-19:00 数学预习	20:10-20:40 钢琴考级练	19:00-19:10 快乐休息	19:00-19:10 快乐休息
19:00-19:10 快乐休息	20:40-21:10 化学预习	19:10-19:40 化学预习	19:10-19:40 化学预习
19:10-19:40 化学预习	21:10-21:20 快乐休息	19:40-19:50 快乐休息	19:40-19:50 快乐休息
19:40-19:50 快乐休息	21:20-22:00 英语自主练	19:50-20:30 英语自主练	19:50-20:30 英语自主练
19:50-20:30 英语自主练	22:00-22:30 日记	20:30-21:00 跑步	20:30-21:30 篮球或跑步
20:30-21:30 篮球或跑步	22:30-23:00 名著阅读	21:00-21:30 洗漱	21:30-22:00 洗漱
21:30-22:00 洗漱	23:00 睡觉+英听力	21:30-23:30 电脑或电视	22:00-22:30 日记
22:00-22:30 日记		23:30-24:00 日记	22:30-23:00 名著阅读
22:30-23:00 名著阅读		24:00 睡觉+英听力	23:00 睡觉+英听力
23:00 睡觉+英听力			

2.理性认识《初中生作息安排表》

（1）《作息安排表》的定义。

作息安排表，是指单位或个人将日常生活中的各项事务及各项活动安排在固定时间里执行的时间表。根据时间不同，作息安排表可分为日作息安排表、周作息安排表、月作息安排表等。

初中生《作息安排表》，是指初中生将日常生活事务与学习活动安排在固定的时间里执行的时间表。

初中生的作息安排表一般设计成周作息安排表，这是因为初中生的在校课程也是以周为单位而整体编制的。所以，在编制初中生作息安排表时，要将星期一至星期日七天的作息整体编制出来，而此后的执行，也是以一周为一个执行周期。

（2）《初中生作息安排表》的内容。

①对饮食起居的安排：如起床、睡觉、吃饭等。

②对学习活动的安排：如读书、写作业、上课、自测等。

③对健身娱乐的安排：如跑步、上网、看电视、泡图书馆等。

④对其他事务的安排：如写日记、名著阅读、诗书琴画等特长练习等。

（3）《初中生作息安排表》的作用。

①统筹兼顾，避免偏科。

面对七八门学科的同时开设，如果没有《作息安排表》来统筹各门学科的学习，初中生往往头痛医头、脚痛医脚，只能凭感觉粗放地根据自己的偏好来学习，随意性很大，往往顾此失彼，很容易陷入被动混乱的学习状态，极易产生偏科的现象。偏科的恶果不仅是拖后考试成绩排名，更会形成个人知识和能力的短板，将严重阻碍个人成长与发展。有了《作息安排表》，每个学科都能得到精心合理的安排，每一门课程都能得到充分的学习时间保证。

②生活丰富，全面发展。

《作息安排表》整体安排了初中生的饮食、起居、学习、娱乐、锻炼、爱好等活动,并固定在确定的时间里,方便执行,易成习惯,从此,生活丰富而精彩,德智体美劳全面发展,人生将得到全面发展。

③掌控生活,优质人生。

有了《作息安排表》的指引,初中生每天时间都能得到充分利用,不再虚度人生,不会消极被动地浪费时光,从而将学习和生活的主动权牢牢掌控在自己手中。久而久之,养成了高效率的优质生活模式,一直坚持下去,便会拥有一个高品质的人生。

磨刀不误砍柴工,尽管编制作息安排表会花费我们一定的时间和精力,但只要有了作息安排表,我们的学习和生活便有章可循,井井有条,生活的效能与学习的行动力全面激发,我们成为自己的主人,我们的人生梦想会越来越近。

3.编制《初中生作息安排表》的具体流程

下面以开学后《初中生作息安排表》为例,详细说明作息安排表的编制流程,寒暑假《初中生作息安排表》的编制请参照此流程。

(1)第一步:确定在家饮食起居作息。

①确定起床时间。例如:5:40起床。

②确定洗漱时间。例如:5:40—5:55洗漱杂务。

③确定早餐时间。例如:6:25—6:45早餐。

④确定午餐时间。例如:11:50—12:10午餐。

⑤确定午休时间。例如:12:10—13:10午休。

⑥确定洗澡时间。例如:17:50—18:10洗澡。

⑦确定晚餐时间。例如:18:10—18:30晚餐。

⑧确定睡觉时间。例如:22:30睡觉。

(2)第二步:确定在校学习作息。

①确定上午上学时间。例如:7:25—7:40上学。

②确定上午上课时间。例如:7:40—11:35上午上课。

③确定上午放学时间。例如:11:35—11:50放学回家。

④确定下午上学时间。例如:13:15—13:30上学。

⑤确定下午上课时间。例如：13:30—17:10下午上课。

⑥确定下午放学时间。例如：17:30—17:50放学回家。

(3)第三步：确定各门学科的学习任务。

①一周语文学习任务：完成老师布置的作业、每天晨读半小时、每周自主练习一次。

②一周数学学习任务：完成老师布置的作业、每天自主练习半小时、每周自测一次。

③一周英语学习任务：完成老师布置的作业、每天晨读半小时、每天英语听力两次、每周自主练习一次、每周自测一次。

④一周物理学习任务：完成老师布置的作业、每周自主练习四次、每周自测一次。

⑤一周化学学习任务：完成老师布置的作业、每周自主练习四次、每周自测一次。

⑥一周政治学习任务：完成老师布置的作业、每周背诵2次一小时、每周自主练一次。

⑦一周历史学习任务：完成老师布置的作业、每周背诵2次一小时、每周自主练一次。

⑧一周生物学习任务：完成老师布置的作业、每周背诵2次一小时。

⑨一周地理学习任务：完成老师布置的作业、每周背诵2次一小时。

(4)第四步：确定在家自主学习作息。

①确定晨读时间。例如：每天5:55—6:25英语晨读，每天6:45—7:15语文晨读。

②确定背诵时间。例如：星期一20:00—20:30背诵政治，星期二20:00—20:30背诵历史，星期三20:00—20:30背诵地理，星期四20:00—20:30背诵生物，星期六11:00—11:40政治背诵，星期六19:00—19:40历史背诵，星期日9:20—10:00地理背诵，星期日14:20—15:00生物背诵。

③确定完成老师布置的作业时间。例如:18:30—20:00家庭作业。

④确定自主练习时间。例如:星期一至星期四20:40—21:10数学自主练,星期一、星期三21:50—22:20物理自主练,星期二、星期四21:50—22:20化学自主练,星期五20:00—20:30数学自主练,星期五21:00—21:30语文自主练,星期六13:20—14:00数学自主练,星期六14:10—15:00英语自主练,星期六19:40—20:10物理自主练,星期六22:00—22:30化学自主练,星期日10:00—10:50物理自主练,星期日11:00—11:40化学自主练、星期日16:00—16:40政治自主练、星期日16:50—17:30历史自主练、星期日20:00—20:30数学自主练。

⑤确定自测时间。例如:星期六15:30—17:00物理周自测、星期日7:20—9:00数学周自测、星期日13:10—14:20英语周自测、星期日18:00—19:30化学周自测。

⑥确定英语听力时间。例如:每天午休和晚上睡觉时,同时进行英语听力。

(5)第五步:确定文娱体育活动作息。

①确定身体锻炼时间。例如:星期一至星期五17:10—17:30学校操场1000米,星期一至星期四21:40—21:50筋骨操,星期六14:00—14:10筋骨操,星期六20:30—21:30篮球,星期日10:50—11:00筋骨操,星期日20:30—21:00跑步。

②确定业余爱好时间。例如:星期一至星期四21:10—21:40钢琴演奏,星期五20:30—21:00钢琴演奏,星期六15:00—15:30钢琴演奏,星期日19:30—20:00钢琴演奏。

③确定去图书馆的时间。例如:星期日15:00—16:00图书馆。

④确定电脑或电视时间:星期五21:30—23:20电脑或电视,星期六17:00—17:40电脑或电视。

⑤确定周末全家集体娱乐活动时间:星期六18:00—19:00周末全家乐活动。

（6）第六步：确定日记周记作息。

①确定日记时间。例如：星期一至星期四22:20—22:30微日记，星期五23:20—23:30微日记，星期六20:20—20:30微日记。

②确定周记时间。例如：星期日21:30—22:30周记。

（7）第七步：汇总《作息安排表》。

按时间先后顺序，将在家饮食起居作息、在校学习作息、在家自主学习作息、文娱体育活动作息、日记周记作息等一一汇总，最终会生成《初中生作息安排表》。

4.编制《初中生作息安排表》的注意事项

①能否编制出高质量的《初中生作息安排表》，取决于你的学习目标与任务是否明确细致。学习目标与任务要切合实际。

②把你的学习任务和目标分解细化为每天学习的必备事件。

③列出你每天所有可利用的时间段。

④用学习的必备事件去填充每天可利用的时间段，最后再统一调整，统筹安排。

⑤每天要确保8小时的睡觉时间。

⑥每天要确保足够的体育运动锻炼时间。

⑦"筋骨操"时间，可以将学校的早操做一遍，也可以参照作者自创的《五分钟筋骨操》（请见作者的QQ空间）。

⑧连续看书时间不得超过50分钟，"快乐休息"时间可以踢毽子、俯卧撑、高抬腿、仰卧起坐、投飞镖、吃水果等，目的在于保护眼睛，预防颈椎、筋骨、腰肌等过度疲劳。

⑨午休和晚上临睡前，听半面英语磁带，不可戴耳机听，防止伤害耳朵。音量尽可能调小一点，以免影响他人休息。以随意的态度听英语磁带，就当是催眠曲来听。

⑩应根据自身情况灵活编制《作息安排表》。本书的示例仅供参考，不可生搬硬套。

(三)试运行《作息安排表》

初步编制的《作息安排表》,往往会有不妥之处,不必急于全面运行,需要经过实践的检验,需要试运行一到两个星期,修订其不妥之处,直到最后形成了合理、科学、可执行的《初中生作息安排表》为止。

在正式运行你的《作息安排表》前,应当主动征求家长和老师的意见,让他们指出自己编制的《作息安排表》中的不妥之处,也可以向有经验的同学请教。对家长、老师、同学提供的意见和建议,应当充分尊重和接纳,吸取其合理成分。

经过试运行和向高人请教,你务必耐心细致地修订你的《作息安排表》,直到诞生出一个科学、合理、成熟、高效的《作息安排表》。

(四)《作息安排表》正式运行前的准备事项

1.熟悉并记牢《作息安排表》的内容

对即将正式运行的《作息安排表》的内容,你要做到了然于胸。仔细阅读你的《作息安排表》,牢记所有作息时间,在你的头脑里生成一份清晰的拷贝。

将《作息安排表》张贴在你的床头或书桌前的墙上,方便你随时对照执行。

缩印作息表,并随身携带,以便你随时对照执行。

2.环境准备

在正式运行你的《作息安排表》之前,你要彻底整理好你的环境。

清除一切有碍你运行《作息安排表》的环境因素。主动上缴你的手机,让爸妈将电脑设置密码,将幼稚的玩具和不利的书刊统统销毁。

其次,添置《作息安排表》运行后所必需的新物件,购置必备的文具、教辅资料等，购置新生活需要的体育锻炼器材，如自行车、篮球等。

最后，清理你的交友圈，与所有“狗朋狐友”划清界线。注意，不要得罪与伤害任何一位“狗朋狐友”，你应当诚恳公布你的新作息，取得他人的理解。与此同时，构建全新的“学习型”朋友圈，多与爱学习的同学、朋友交往，多多接近学霸学神，这样你便会从他们身上学到好的方法。

3.身心总动员

运行新的作息，意味着你将告别往日行动力不足的生活，过上积极向上奋发有为的新生活。如果没有全新的身心状态，新的《作息安排表》将无济于事。只有调整自己的身心状态，告别过去的懒散与拖延，洗净往日的消沉与迷茫，激发身心潜能，唤醒全部斗志，新的《作息安排表》才能得到有效运行，才能真正激发学习的行动力。

4.自我宣誓

在即将启动新的作息之际，你应当举行一次庄重的宣誓仪式。誓词如下：“我以最大的决心宣誓，我将严格执行新的《作息安排表》，告别行动力低下的过去岁月，迎来勤奋学习的新人生。我已校正自己学习的内动力，我很想学习；我校正了自己学习的技术力，我很会学习；我校正了自己学习的目标力，我有明确的学习目标；我校正了自己学习的环境力，我完全能学习；最重要的是，我校正了我的学习行动力，从此我将一直在学习。宣誓人：某某某”。

5.公布于众

在运行新的作息前，你可以将《作息安排表》公布于众。比如，你有必要将新作息公布给你的父母，一来请他们监督你的执行情况，二来使父母能够知晓你的作息，能准确无误为你提供一日三餐等服务。你也有必要将新作息公布给你的老师和同学，增加外部监督的力量，使你更有动力去坚持执行新的作息。

（五）执行《作息安排表》

1.保证时间

执行《作息安排表》时，首先要保证时间。保证时间有两个层面的内涵：一是严格按照《作息安排表》所规定的时间点开始各项作息活动，二是严格按照《作息安排表》所规定的时长执行各项作息活动。例如：《作息安排表》上的午休时间为12:10—13:10，你得严格遵守这个时间，一要保证在12:10开始午休，二要保证午休时间长度为一小时。

保证时间是执行《作息安排表》最起码的要求。若连时间都保证不了，作息安排表将形同虚设。保证时间是第一前提。

买一个可以设置多个闹铃的电子钟，将你主要的作息活动设置成电子钟的闹铃，就像在校上课和下课一样，铃声一响，立即启动相应的作息活动。坚持几个星期，你将形成条件反射和生物钟，很习惯地在相应的时间点进行相应的作息活动。

2.保证数量

在保证时间的前提下，你要在作息时间内，完成该作息任务所设定的目标数量。

比如，《作息安排表》规定每天5:55—6:25英语晨读，你要在保证时间的前提下，务必读完你所设定的英语课文篇目数。

保证数量是执行《作息安排表》的基本要求。数量是质量的前提，若连规定的数量都没有完成，等于宣布这个作息活动的执行失败。从美好的愿望出发，我们都希望在最短的时间内干最多的事，但是，学习必须脚踏实地，因此，我们在设定作息活动的目标数量时，一定要实事求是，不要盲目求多求快，应当在多次尝试与验证的前提下，确定出恰当的作息活动的目标任务数量。

3.保证质量

质量，是指一组固有特性满足要求的程度，是反映实体满足明确或隐含需要的能力的特性总和。

学习质量,是指满足学习要求的程度。通俗地说,若在同一时间内掌握的知识多且扎实,就是学习质量好。学习成绩好,是高质量学习的最好体现。

保证《作息安排表》执行的质量,就是在保证时间、保证数量的前提下,使该作息活动的效果满足目标质量要求。比如,《作息安排表》规定每天5:55—6:25英语晨读,你要在这半小时内,不但要完成晨读的数量,而且,能够理解和牢记所读过的英语课文的知识要点,并在考试中能够正确解答相应考题。

保证时间和保证数量是保证质量的前提条件,保证《作息安排表》的执行质量才是我们的根本目的。

珍惜每一天,全神贯注于《作息安排表》的执行,精心完成每一项作息活动,把每一项活动视为生命的一部分,视《作息安排表》的执行质量为生命,先保证时间,再保证数量,最后保证质量。

4.自我考核

自我考核是保证《作息安排表》有效运行的重要手段。

在每天的日记中,将"作息自我考核"列为专门主题,对每天作息运行情况进行逐条验收。首先检验每个作息活动的时间是否得到保证,其次检验每个作息活动的目标数量是否完成,最后检验每个作息活动的质量是否合格。将没有按时、按量、按质完成的作息活动记录下来,自我反省,以确保第二天《作息安排表》能执行到位。最后在日记里,对当天《作息安排表》的执行成效,按照"好、中、差"三个档次,进行总体评价。

5.自我奖惩

根据自我考核结果,对执行《作息安排表》的情况实施自我奖惩。

征求父母的意见,全家共同制定出合理的自我奖惩办法。分别设置日奖励、周奖励、月奖励、年奖励的不同奖励措施。

对《作息安排表》自我考核结果为"好"的那一天,实施日奖励,对《作息安排表》自我考核结果为"差"的那一天,实施日惩罚。

若某个星期自我考核全为"好",则另外实施周奖励。若某个星期自我考核全为"差",则另外实施周惩罚。

若某个月自我考核全为"好",则另外实施月奖励。若某个月自我考核全为"差",则另外实施月惩罚。

奖惩物由全家共同协商决定。奖励物可以是小礼品、书籍、美食、旅游等,惩罚物可以是罚劳动、俯卧撑、仰卧起坐、跑步、收回礼物、取消美食、取消旅游等。

也可以在日记中对自己执行《作息安排表》的情况,通过自我赞扬或自我批评,进行精神上的奖励或惩罚。

6.自我完善

没有最好的《作息安排表》,只有更好的《作息安排表》。

《作息安排表》不是教条,而是为了提高学习成效和生活质量。当发觉其中有不合理的地方,务必及时修正与完善。

不同阶段会有不同的学习任务和学习要求,因此,《作息安排表》是动态的,应当随时随地不断对其进行调整与完善。

对《作息安排表》的执行,要有一定的弹性。当因某特殊原因或突发事件阻碍或影响你对某个作息的执行之时,要有一颗灵活机动和接纳包容自我的心,可以在事后采取相应的弥补措施。不要因为某个作息的无法执行而影响了自己后续作息的执行,更不要影响自己的情绪和积极性。

坚持不断的自我完善,我们的学习能力、学习成绩,一定会在持续运行与不断完善《作息安排表》的过程中,一天天地提高,一天天地超越。

六、日记的力量

(一)日记的内涵

商务印书馆《四角号码新词典》对日记的定义是:"天天记录生活经历的笔记"。

《现代汉语词典》对日记的定义是:"每天所遇到的和所做的事情的记录"。

《现代牛津双解词典》:"Daily record of events and thoughts, etc."

综上所述,所谓日记,即自己对每天生活中发生的要事及感想的记录。

日记为自己而写,是自己的隐私,没有固定的格式,也不拘泥于篇幅的长短,仅仅是记录自己每天所见、所闻、所做、所思。一般由书端和正文两部分组成。

书端,即在每天日记的第一行中间写上某年、某月、某日、星期几、天气情况等。

正文,即日记的内容。建议日记正文分四个板块。

板块一:"今日撷贝"。在这个板块中,将自认为今天最有意义的事记录下来。

板块二:"一日三省"。在这个板块中,反省自己一天中的不足与过失,争取日后改进不足,让人生趋于完善。

板块三:"今日主题"。比如星期一的今日主题为"学习",专门研究自己如何取得更好的学习成效;星期二的今日主题为"健康",专门研究自己如何更好地锻炼身体与健康成长;星期三的今日主题为"礼仪",专门研究自己如何更好地遵德守礼,做一名有涵养的人;星期四的今日主题为"自强",专门研究自己如何自强不息,勇往直前;星期五的今日主题为"低调",专门研究自己如何谦虚谨慎,为人低调；星期六的今日主题为"微笑"，专门研究自己如何温暖待人、微笑生活；星期日的今日主题为"理想"，专门研究自己如何树立并实现自己远大的理想。

板块四："明天安排"。在这个板块中，对明天的日程进行安排，对明天学习生活中所要注意的事项，进行温馨提示，争取明天更美好。

（二）每天写日记的好处

日记是对今天生活的记录，日后会成为个人的成长史，更是人生最珍贵的回忆录。中国历史上很多名人的日记既是文学宝库中的瑰宝，也是重要的史料。如东汉马笃伯在《封禅仪记》中，逐日记叙登泰山之事；南宋陆游和范成大的日记，分别被日本、美国译注；清代李慈铭所著日记逾百万字，而薛福成的《出使四国日记》和梁启超访美的《新大陆游记》对近代中国产生过巨大的影响。

对于初中生而言，日记是他成长的助推剂，更是他每天学习行动力的加油站。

初中生写日记的好处至少有以下八点：

好处之一：日记是人生的回忆录。通过记录每天生活的点滴，留下生活最美好的瞬间，记载自己成长过程中的重要经历，多年以后，当你翻开尘封已久的日记，你会收获无数美好而珍贵的回忆。

好处之二：日记是自己成长的明镜。通过每天日记中的自我反省，使自己不断改正错误，不断取得进步，不断完善自我。

好处之三：日记是人生成长的导师。通过对学习的研究和规划，不断提高学习能力；通过日记激励自己加强锻炼，增强健康意识，拥有健康的生活方式；通过日记勉励自己加强礼仪修养，使自己成为一名遵德守礼的文明人；通过勉励自己自强、低调，微笑面对生活，树立远大理想，人生一定会不断成长、成熟、成功。

好处之四：日记是学习行动力的发动机。通过在日记中对第二天学习的规划,使第二天的学习任务清晰,学习目标明确,学习行动具体,从而促进学习有序开展。

好处之五:日记会逐步提高自己的写作水平。

好处之六:日记会净化心灵,而净化的心灵会美化你的人生。

好处之七:坚持写日记,培养和锻炼了自己的毅力和意志。

好处之八:日记记录梦想,设计梦想,引导梦想走向成功。

(三)写日记的注意事项

1.注意保密

日记是自己的隐私,注意收藏好,注意保密。除非得到允许,任何人不得偷看他人日记,这不仅是涵养问题,更是道德问题。

最好使用带密码琐的日记本。将日记放在自己私密的空间保存。

2.每天坚持

初中生写日记不仅仅是记录生活,更是反思生活,激发学习的行动力,因此态度一定要认真,要坚持每天写。虽然不必讲究字体美观,但至少应当字迹清晰,不能连自己都无法辨认。只有坚持每天认真写日记,才能使自己的学习行动力持续充足。若三天打鱼,两天晒网,结果会因为缺乏自我反省,而日渐随波逐流,学习行动力渐渐消弭,学习效果会越来越差。只有天天坚持写日记,在日记中不断激励自我,才能永葆旺盛的学习行动力。

3.限时快速

写日记时,要有时间限制,否则会使自己的时间过多的花费的日记上,既耽误学习,也使日记没有效率。一般来说,每周的星期一到星期六,为微日记,每天日记只有10分钟的时间,篇幅不要长,速度一定要快,且只作提纲性的记录。周日的日记为周记,限时60分钟,主要是总结一周以来的学习行动力总体状况。

4.年终统览

每当岁末年终,即每年的12月31日这一天,要把自己一年来所写的日记速览一遍,你会收获无比巨大的成就感,为自己的坚持而感动,为自己生活中的点点滴滴而自豪。年终统览全年日记,真的会感受自己的成长。为此,你要写一篇《年终统览日记的人生感悟》的日记,总结一年中的"五大喜悦"、"五大进步"、"五大感悟",并对即将到来的新的一年,详细规划,让明年有更大的进步与成长。你也可以把历年所写的日记统览一遍,虽然会花费长一点的时间,但你会获得更大的惊喜与幸福。

七、盯住两个人:榜样和对手

榜样的力量是无穷的。在自己的班级或亲朋好友中,寻找自己学习的榜样,学习榜样的最佳人选是班上的学霸或三好学生。盯住你的学习榜样,并通过研究榜样、分析榜样、接近榜样、学习榜样,模仿他的学习行为和方法,久而久之,你会掌握很多前所未有的学习技术和理念,成绩自然不断上升。

在心里暗暗确立一位学习的竞争对手,也会使你的学习行动力大大激发。潜在竞争对手的选择,一般以比你成绩稍好一点的同学为对象。假如某次考试你的名次为全班第30名,那么,你就盯住全班第29名那位同学,把他作为竞争对手。你要暗下决心,在下次考试中,努力超过他。

有了学习的榜样,你会有明确的学习指引,拥有清晰的学习行动方向。当内心有一位学习的竞争对手,会激发你巨大的学习行动力。

只要坚持不懈,只要自强不息,只要踏实进取,只要假以时日,你会发现你超越了你的学习对手,接近了你的学习榜样,你的学习成绩,正在不断提升,你会收获学习进步的喜悦和巨大的成就感。

八、复习梦想，想像成功

（一）复习梦想，强化行动

每个人都有梦想，但是，梦想具有虚幻性，很容易淡忘，所以，梦想需要经常的复习和重现。

梦想是行动力的方向和目标，为了不断强化你学习的行动力，请把你的梦想，写在纸上，贴在床头的墙上，让自己每天睡觉前或起床穿衣的时候，都能复习一遍自己的梦想。

同时，你也需要在日记里循环往复地复习你的梦想。

人是有惰性的，人的梦想往往会在不经意间渐渐淡化，相应的，为梦想而奋斗的行动力也会渐渐衰弱。因此，你要在每个星期中的某一天，在你日记的"今日主题"板块中，复习自己的梦想。畅谈自己的梦想，强化自己的梦想。

梦想是你的人生未来的目标，只有不断复习梦想，你的目标才会清晰难忘，你的行动力才会有方向，有力度，更会持续不断。

（二）想像成功，激励行动

在通往知识高峰的道路上，有时会崎岖坎坷，有时会荆棘丛生，当我们遭遇挫折时，当我们疲惫不堪之际，若看不到成功的希望，我们一定会厌倦和气馁，甚至会放弃自己的梦想。因此，我们需要时常想像成功时的美妙画面，想像自己登上知识高峰之时，想像我们一览众山小之时，想像着成功后的激动、喜悦和幸福之时，我们才能重拾信心，重整旗鼓，才会不畏任何艰难险阻，勇往直前，继续勇攀知识的高峰。

我们应该学会在平时枯燥的学习过程中，不断在自己的脑海里浮现出学习进步的幸福场景，想像着取得优异成绩时的美好画面。

在我们勤奋学习的过程中,要时常想像取得进步时激动人心的美好时刻。只有这样,我们才会苦中有乐,才会满怀希望,才会充满信心。取得学业上的成功是我们学习的目标,是我们行动力的目标,因此,我们一定要经常去想像成功,去不断激励我们的行动力。

九、感受进步、体验成功、分享成长

在我们持续不断付出自己的学习行动力的过程中,要培养自己能够感受到自己进步的能力,要学会体验自己每一个成功所带来的快乐,并能与别人分享自己成长的经验,不断强化自信心,激发更大更持久的行动力。

(一)感受进步

天道酬勤,一分耕耘,一分收获,只要你持续行动,勤学实干,一定会取得学习的进步。但我们必须清醒地意识到,学习进步不是一蹴而就的事,学习成绩提升有其自身规律性。我们应该清醒地认识到,我们目前的成绩,是过去学习行动的结果,代表的是我们过去的学习能力,并不能真实体现目前学习的行动力的成效。现在考试成绩不理想,说明你过去的学习行动力效果不大。当下学习行动力的成效,决定着以后的考试成绩。只有当你学好了现在的知识,并且将以前没有学好的知识重新学好后,你以后的成绩才能稳步上升。因为知识具有阶梯性、连续性。

我们不要吝惜自己的学习行动,我们要勇于行动。更重要的是,我们要有能力感受到每一个学习行动所带来的学习进步。比如,当我们每背会了一个英语单词,我们就应该欣喜地感受到自己的一个小进步。当我们每解对一道数学题,我们就应该为自己道贺:因为自己又进步了。要学会赏识自己,为自己每一个小小的进步欢欣鼓舞,为每一个进步自我喝彩。

（二）体验成功

所谓成功，是指达到自己的目标或取得预期的结果。

对初中生而言，学习目标是为了获取知识和取得好的考试成绩。当我们获取了学习的进步，哪怕是再小的进步，都是某种意义上的成功。

成功不在于大小，在于连续不断地取得成功。我们只有体验到成功的快乐，才会有成就感，才会获取成功的喜悦，才会有更大的热情、信心继续行动，才会激发更大的学习行动力。

学习是一个漫长的过程，我们不能只是埋头苦读，要学会体验成功所带来的快乐。我们要欣赏自己的行动力，欣赏自己的每一分努力，要体验每一个学习行动所带来的成功或成就感，直到梦想成真的那一天。

（三）分享成长

我们每取得一点进步，每获得一些成功，都意味着我们人生得到了成长。这时，我们如果能够与同伴分享自己人生成长的感悟，我们既获得更大的幸福，更会使自己的人生境界得到升华。分享成长，意味着你能够洞察到自己的成长，总结出成长的经验，并能无私地与同伴分享，激励同伴共同成长，这样的人生，才是真善美的人生，才是最幸福的人生。

分享成长，意味着自己能够清醒地认识自我、理解自我、赏识自我，从而在攀登知识高峰的道路上，拥有不竭的行动力，满怀信心，百折不挠，必将实现自己的人生理想。

第七章 初中生学习校正的操作流程

学习校正的直接目的是提高成绩,但学习校正的实质是彻底改变人的本身。只有实现自我革新,彻底改变自己,校正自己的人生观、价值观,建立新的行为模式和作息习惯,从此想学习、明目标、会学习、能学习、在学习,使自己德智体美劳全面发展,并踏上终身学习、毕生发展的幸福人生之路,这时,初中生的学习校正才能真正取得成功。

学习校正是一项系统工程,既需要对初中生进行思想上的深入动员,又涉及到初中生学习技术的全面革新,因此,若有专业的学习校正师的指导,初中生的学习校正会事半功倍地实现。

学习校正师既需要具备专业的教育学、心理学知识,又要掌握初中生各门课程的学习技巧,还要系统掌握初中各门课程的知识点,能够帮助初中生解决学习校正过程中的一切难题。同时,学习校正师需要具备真善美的内心,拥有最大的包容心和爱心,能深入求助者的内心,能够成为前来求助的初中生的良师益友。学习校正师是伟大的职业,校正了一位初中生,等于挽救了一个家庭,赋予这个家庭以新的希望与幸福前景。

学习校正师对初中生进行学习校正的操作流程可分为以下九个步骤:

一、初询接待

校正师在首次接待学生和家长时,间接询问求助者希望得到哪方面的帮助,简要介绍学习校正的原理,收集相关信息,评估匹配性,建立校正档案,初议校正事宜。

二、家长校正

校正师单独约谈家长,深入了解学生学习不良的表现和根源,查找学生学习不良的家庭环境因素,分享校正师家庭教育心得,引导家长反思育儿得失,阐述科学理性的家庭教育理念,帮助家长树立正确的育儿观、成人观、成才观,为孩子营造一个充满爱与温暖的家庭环境,鼓励家长将父母伟大的爱落实到陪伴孩子健康快乐成长过程中的每一个生活细节上,为孩子的学习进步提供一切服务和帮助,不给自己的人生留下遗憾。

三、商定目标

校正必须有目标,有目标才能使校正工作方向明确,才能采取切实可行的、有针对性的校正措施。根据学生学习不良的原因与状况,校正师与求助者商定学习校正的具体目标。校正目标必须双方商定,达成共识,双方接受。若双方不能达成一致,以求助者的目标为主。若校正师无法接受求助者的校正目标,则中止校正,或转介给更匹配的学习校正师。

校正师介绍学习校正的工作原理和生效机制,阐述学习校正的近期目标、长期目标和终极目标。

近期目标:使初中生掌握学习方法和技术,遵守作息安排,热爱学习,学习成绩开始提升。

长期目标:使初中生快乐学习,健康成长,德智体美劳全面发展,顺利考入满意的高中。

终极目标:使初中生成长为一位终身学习、毕生发展者。

最终制定的校正目标以文字或口头形式固定下来。校正目标制定后,经双方认可,可以进行修改。

四、编制方案

根据校正目标,学习校正师与求助者共同编制校正方案。

校正过程分为三个阶段:准备阶段、校正阶段、巩固阶段。

准备阶段包括:初询接待、家长校正、商定目标、编制方案。

校正阶段包括:"五力"校正、规整作息、陪伴校正。

巩固阶段包括:效果评估、定期维护、长效跟踪。

围绕校正目标,明确校正各阶段每个流程的具体工作内容、时间安排,明确校正师、家长和学生各自特定的责任、权利与义务,校正师向求助者介绍校正的具体心理学方法或技术的原理和过程,校正师向求助者说明校正的效果检验方式及评价,说明校正费用问题,以及其他需要说明的问题。

五、"五力"校正

1.时间安排:校正方案编制后,可以安排在最近的某个星期日的上午 8:00—11:00、下午 14:00—17:00,共 6 个小时,由校正师与初中生一对一单独交流,对学生进行"五力"校正。

2.校正地点:学生书房。

3.校正内容:星期日的上午8:00—11:00,找准学生先前学习的优点和不足及其根源,全面启动校正工作,校正初中生学习的"五力"——内动力、目标力、技术力、环境力和行动力。星期日的下午14:00—17:00,与学生细致商订《作息安排表》,力求使作息安排切合学生的实际情况,能为学生所接受,并告知父母,张贴上墙,使《作息安排表》成为初中生日后的学习生活的行动指南。

4.校正方式:校正师与学生平等、愉快、真诚地交流。

5.准备事项:学生利用周五晚上和周六一天的时间,完成该周末的所有作业,将星期日白天的时间空置出来,以全神贯注地进行周日的"五力"校正,同时,让学生准备好各科的教材和教辅资料。

六、陪伴校正

(1)时间安排:"五力"校正后的一个月时间。

(2)校正地点:学生家中。

(3)校正内容:将"五力"校正的内容落实到学生的日常学习生活中。校正师通过指导、示范、激励、反馈等形式,使学生能够建立起良好科学的学习习惯,最终能够独立自主学习,能够完全理解、掌握、实施"五力"校正的新理念、新技术、新行动。在对初中生陪伴校正的同时,手把手地教会家长如何陪伴孩子学习成长。

(4)校正方式:校正师手把手地指导和督促,在一个月时间内,让学生逐渐建立了新的学习行为习惯。校正师与家长相互反馈学生的校正情况,发现、分析、解决学生在校正过程中出现的疑惑、难题,及时对学生的学习行为进行指导和强化。

(5)准备事项:家长要细致关注和陪伴学生的学习校正过程,及时发现、反馈、解决学生遇到的任何难题,为孩子提供良好的校正环境和成长环境,帮助孩子巩固学习校正成果,最后形成良好的学习习惯。

七、效果评估

（1）校正效果评估可以在校正的任何时间内进行。

（2）校正效果的评估内容应围绕校正目标展开，实现校正目标是校正效果的直接体现。

（3）校正效果的评估维度。

①校正对象对校正效果的自我评估（自评）。

②校正对象学习成绩提高情况。

③校正对象周围人士特别是家人、老师和同学对校正对象的评定（他评）。

④校正对象校正前后"五力"状况比较。

⑤学习校正师的观察与评定。

八、定期维护

初中生经过校正师一个月的集中陪伴校正之后，适应了新的作息，初步校正了学习的内动力、目标力、技术力、环境力和行动力，同时，家长也学会了如何陪伴孩子的学习成长，这时，校正师将陪伴校正的任务转交给家长，日后由家长陪伴孩子的学习校正。此后的一个学期内，学习校正师每个周末抽一个小时，与家长、初中生进行一次面对面的学习校正的总结交流，对学生取得的校正效果高度赞扬，并解决学生在校正过程中出现的任何问题。当学生已经完全适应了新的作息，已经彻底校正好学习的"五力"后，学习校正师只需要每个月通过电子邮件与学生的家长交流学生的学习情况即可，若发现新的学习问题，校正师应及时上门与求助者交流，以定期维护该求助者的学习校正成效。

九、长效跟踪

学习校正师需要长期追踪求助者的学习发展情况,不但关注初中生的中考情况,还要关注求助者的高中、大学的学习情况,甚至长期关注求助者成人后的终身学习发展情况,以了解原来的学习校正指导分析是否正确,帮助指导是否有效,以总结经验教训,不断提升学习校正的成效。长效跟踪的回访方式有追踪卡、邮件、面谈、电话等。

以上学习校正的九个步骤,是本人多年来从事学习校正工作的经验总结。初中生或家长也可以参照以上九个步骤,对初中生学习的"五力"进行自我校正。

我们应当清醒地预见到,初中生学习校正之路将荆棘密布,需要付出努力与汗水,不可能一蹴而就。但是,一切艰难险阻都无法阻止我们追求光明与幸福的脚步。当我们意识到自身极稀罕的生命概率,当我们建立了新的自我意象和人生参照系,当我们有了美丽的白日梦,当我们领悟到人的一生在于奋斗与奉献而不在于享乐与索取,这时,我们会义无反顾地勇往直前,用自强不息的奋斗,去碾碎人生之路上的一切艰难险阻,让自己成为一名德智体美劳全面发展初中生,成为一名终身学习、毕生发展的真善美的追求者。